Das überzeugende Vorstellungsgespräch

Erfolgreiche Strategien für den ersten Eindruck

Renate Ibelgaufts

Das überzeugende Vorstellungsgespräch

Erfolgreiche Strategien für den ersten Eindruck

FALKEN

Renate Ibelgaufts hat bereits folgende Titel im FALKEN Verlag veröffentlicht:
„Bewerbungsstrategien für Frauen“ (4455)
„Karrierefrauen – Frauenkarriere“ (4519)
Außerdem sind im FALKEN Verlag viele weitere Ratgeber zum Thema Bewerbung erschienen. Lassen Sie sich in Ihrer Buchhandlung beraten!

Die Deutsche Bibliothek – CIP-Einheitsaufnahme

Ibelgaufts, Renate:
Das überzeugende Vorstellungsgespräch : erfolgreiche Strategien für den ersten Eindruck / Renate Ibelgaufts. – Niedernhausen/Ts. : FALKEN, 1992
(FALKEN Bücher)
ISBN 3–8068–1261–6

ISBN 3 8068 1261 6

Titelbild: Pinzer, Idstein
Zeichnungen: Erich Paulmichl, Augsburg

Satz: DM-Service, Rodgau 3
Druck: Wiesbadener Graphische Betriebe GmbH, Wiesbaden

817 2635 4453 6271

Inhalt

Vorwort

Das Bewerbungsbuch, das Sie in Händen halten, ist sicherlich eines von vielen, und doch glaube ich behaupten zu können, daß es in vielen Bereichen anders ist. Zum einen bietet es trotz seines anspruchsvollen Sachbuchcharakters keine trockene Kost, sondern animiert durch einen lockeren Stil zum Weiterlesen – denn ich bin der Überzeugung, daß nicht automatisch schlecht ist, was man auf Anhieb versteht. Zum anderen unterstützt Sie dieses Buch – entgegen vielen anderen zu der Thematik – auch fundiert bei Ihrer Entscheidung für eine neue oder für Ihre erste Position. Sie finden auf den folgenden Seiten eine Art Expeditionsausrüstung, die Ihnen hilft, die vielen Stolpersteine auf dem Weg zu einer neuen Stellung zu überwinden: Ich gebe Ihnen eine Übersicht über die Hürden, Fallen und Fettnäpfchen jeder einzelnen Bewerbungsetappe.
Es beginnt mit der Vorbereitungsphase, in der das Beschaffen umfassender Informationen sowie die richtige Einstimmung auf die bevorstehende Ausnahmesituation „Vorstellungsgespräch“ das A und O sind. Auch die Chancen und Risiken eines ersten Telefonkontakts sowie einige formale Dinge wie die richtige Kleiderordnung und die Abrechnung der Reisekosten werden angesprochen.
Als nächstes wird die erste Begegnung mit Ihrem vielleicht neuen Arbeitgeber

in allen Facetten beschrieben. Sie erhalten Hinweise auf den üblichen Gesprächsverlauf, auf verschiedene Interviewertypen und ihre Vorurteile; ich informiere Sie über Auswahlverfahren wie psychologische Tests und das Assessment Center, gebe Ihnen Fragenkataloge an die Hand und verrate Ihnen nicht zuletzt einiges über den Umgang mit Personalberatern.

Dann begleite ich Sie zum zweiten Interview. Auch dabei kann noch eine Menge schiefgehen, weshalb eine gute Vorbereitung wieder mehr als angebracht ist. In dieser Phase des Auswahlverfahrens entscheiden Kleinigkeiten über das Ja oder das Nein. Vermeiden Sie insbesondere tunlichst, sich so zu verhalten, als hätten Sie den Vertrag bereits in der Tasche.

Die Wartezeit danach kann eine Menge Nerven kosten. Um sie etwas gelassener zu überstehen, sollten Sie sie sinnvoll nutzen: Stellen Sie zum Beispiel Ihre eigenen Prioritäten und Kriterien zusammen, so daß Ihnen die hoffentlich bald anstehende Entscheidung zwischen mehreren guten Angeboten leicht fällt. Auch auf eine Absage sollten Sie vorbereitet sein – andererseits müssen Sie vielleicht sogar Ihrerseits ablehnen, wenn Sie es Ihrer beruflichen Karriere schuldig sind.

Ist doch alles zu beiderseitiger Zufriedenheit ausgegangen und ein Vertrag unterschrieben, folgt nur noch das Ausfüllen des Personalfragebogens – wie auf dem Umschlagfoto zu sehen. Dann sind Sie endgültig ein „ordentliches“ Mitglied des neuen Unternehmens.

Ich möchte Ihnen viel Glück wünschen für den manchmal beschwerlichen, in jedem Fall lernintensiven, aber häufig sogar angenehmen – weil das Selbstbewußtsein fördernden – Weg zu einer neuen Stelle.

Sollte es mir gelungen sein, Sie vor dem einen oder anderen Fettnäpfchen zu bewahren und Ihnen einen größeren Spielraum zum Agieren statt Reagieren verschafft zu haben, würde mich das als Autorin voll zufriedenstellen.

Die Vorbereitung auf die Ausnahmesituation „Vorstellungsgespräch“

Angenommen, Sie haben beim ersten Teil der Bewerbung alles richtig gemacht – ob nach Studium der entsprechenden Ratgeber oder instinktiv als Naturtalent – und Ihnen ist zumindest eine Einladung zu einem Vorstellungsgespräch ins Haus geflattert, ja, dann setzen sie ein, diese sehr gemischten Gefühle aus berechtigtem Stolz und diffusen Ängsten.
Da erfahrungsgemäß nicht mehr als 10 % der Bewerber (außer bei hochkarätigen Spezialisten) zum Vorstellungsgespräch gebeten werden, ist die Einladung bereits ein Achtungserfolg, der allerdings nicht zu Kopfe steigen sollte. Also: Freude ja, Übermut nein! Um es sehr deutlich zu sagen: Die größte Anstrengung steht Ihnen noch bevor. Sehen Sie die nachstehenden Kapitel und die Hinweise als eine Art Expeditionsausrüstung, damit Ihr beruflicher Wechsel nicht an schlechter Vorbereitung scheitert.

Woher die richtigen Informationen bekommen ?

Eine der für die meisten Bewerber peinlichsten Fragen ist – in unterschiedlicher Form gestellt –: Was wissen Sie über uns? An dieser Stelle treten vielen Bewerbern oder Kandidaten die berühmten kleinen Schweißperlen auf Stirn und Oberlippe, außer vielleicht dem naßforschen Typ, der nach dem Motto „Interessante Frage erzählen Sie mal!“ den Spieß einfach umkehrt, damit aber nicht unbedingt zu den Gewinnern zählt. Es mutet schon etwas seltsam an, daß jemand so außerordentlich unbelastet von jeglichem Wissen über das Unternehmen in ein Vorstellungsgespräch geht, der durch seine schriftliche Bewerbung immerhin kundgetan hat, daß er sich vorstellen könnte, dort Mitarbeiter zu sein. Ich bin der Ansicht, daß es so etwas wie eine Bewerbungskultur gibt beziehungsweise geben sollte, die selbstverständlich für beide Seiten gilt. Ein Bewerber sollte sich nie als Bittsteller sehen oder gar verhalten; andererseits muß es selbstverständlich sein, erkennen zu lassen, daß ihn dieses Unternehmen wirklich interessiert. Letztendlich muß er auch in der Lage sein, eine sachlich begründete Entscheidung zu fällen, sollte ihm der Job schließlich angeboten werden. Es spricht also einiges für vorherige Informationsbeschaffung. Doch welche Möglichkeiten gibt es, die erforderlichen Informationen und auch noch einige darüber hinaus zu sammeln?
Fangen wir mit dem nächstliegenden an, dem, was ein Unternehmen an Selbstdarstellung betreibt. Dazu gehören Imagebroschüren, Werbeprospekte, Messeunterlagen und Produktbeschreibungen für den Vertrieb ebenso wie – je nach Gesellschaftsform – offizielle Geschäftsberichte, die kostenlos angefordert werden können. Viel-

fach bestehen solche Geschäftsberichte nur zum kleineren Teil aus Zahlenwerk; viele Firmen sehen in der Veröffentlichungspflicht eine willkommene Chance zur Selbstdarstellung. Meist ist die Herausgabe dieser Berichte sogar eine vorrangige Aufgabe der Abteilung Öffentlichkeitsarbeit, oder es wird eine entsprechend professionell arbeitende Werbeagentur damit beauftragt. Abgesehen von der Selbstdarstellung und den nicht zu vernachlässigenden Zahlen (Umsatz, Ertragslage, Mitarbeiter und so weiter), erfährt der Leser einiges über Beteiligungen an anderen Unternehmen, über ausländische Tochtergesellschaften oder über Zentralen beziehungsweise Muttergesellschaften. Solche Informationen liefern gleichzeitig Erkenntnisse darüber, wer die Weisungen erteilt. Auch denjenigen, die aufgrund nicht so umfangreicher Berufserfahrung hier keine Feinheiten herauslesen können, dürfte klar sein, daß Weisungen einer amerikanischen Muttergesellschaft anders sein werden als die einer französischen Zentrale. Sehen Sie sich selbst nicht in der Lage, hierzu weitere Informationen zu besorgen, kann durchaus im Vorstellungsgespräch erfragt werden, wie sich die ausländischen Einflüsse bemerkbar machen, ob es eine enge Verbindung mit stark Einfluß nehmender Zentrale ist oder ob die eigene nationale Selbständigkeit weitgehend gewahrt werden konnte. Wichtig ist nur, daß der Bewerber um diese internationalen Verflechtungen weiß.
Doch noch einmal zurück zur Selbstdarstellung von Unternehmen. Auch Rundfunk- und Fernsehwerbung (bei entsprechenden Markenfabrikaten) kann wertvolle Hinweise auf die Firmenphilosophie geben und darauf, wie sich ein Unternehmen mit seinen Produkten und/oder Dienstleistungen selbst sieht oder auch wie es gesehen werden möchte. Beobachtungen, die ein Bewerber hier macht, sind ein ausgezeichnetes Thema für das Vorstellungsgespräch, insbesondere um von der „Abfragesituation“ zu einer qualifizierten Diskussion zu kommen.
An die genannten Unterlagen – sofern vorhanden – kommen Sie durch einen Anruf beim Unternehmen selbst. Entweder gibt es sogar eine Abteilung „Presse und Öffentlichkeitsarbeit“, oder Sie erhalten die Broschüren aus einem anderen Bereich des Hauses, zum Beispiel der Vertriebsunterstützung. Natürlich sollten Sie auch Ihren engeren und weiteren Bekanntenkreis einmal danach durchforsten, ob nicht unter Umständen jemand aus persönlicher Anschauung etwas zu der betreffenden Firma sagen kann. Vorsicht jedoch bei Informationen, die eher der Kategorie Gerücht zuzuordnen sind. Diese kann man allenfalls im Hinterkopf behalten, um sie später bei passender Gelegenheit im Unternehmen selbst zu überprüfen.
Eine weitere solide Informationsquelle sind Handbücher und Nachschlagewerke, die Sie in Bibliotheken einsehen können: An erster Stelle, weil am bekanntesten, sind hier die Veröffentlichungen des Hoppenstedt-Verlags zu nennen, die Daten über Konzerne, mittelständische Unternehmen, Banken, Verbände und seit neuestem auch über ostdeutsche Firmen liefern. Solche Nachschlagewerke haben unterschiedliche Sortierkriterien: So kann man sich zum Beispiel alle Unternehmen einer bestimmten Branche heraussuchen, die alphabetisch nach Orten und innerhalb der Orte nach Namen geordnet sind. Zu

jedem Unternehmen sind dort eine ganze Reihe von Informationen verzeichnet: Umsatz, Mitarbeiter, Geschäftstätigkeit, Gesellschafter und anderes mehr.
Selbstverständlich können diese Nachschlagewerke auch genutzt werden, um sich gezielt Firmen für die eigene Bewerbung auszusuchen. Daneben gibt es in größeren Städten Wirtschaftsverlage und -institute, deren Archive mit Zeitungs- und Zeitschriftenartikel man einsehen kann oder die gegen Erstattung des Kopieraufwandes auch Unterlagen verschicken. Haben Sie eine Einladung von einem Unternehmen wie IBM oder einer vergleichbar bekannten Firma erhalten, können Sie oft sogar auf Bücher über Firmenphilosophie und -strategie zurückgreifen. Ganz besonders aufmerksam sollten Sie registrieren, wenn Firmen sich als Sportsponsoren oder auch im sozialen Bereich engagieren. Die meisten Unternehmen identifizieren sich sehr stark mit einem solchen Engagement und sind sehr stolz darauf. Also kann es einen dicken Pluspunkt bedeuten, als noch Außenstehender darüber informiert zu sein, ist es doch für Ihren Gesprächspartner die Bestätigung dafür, daß der Zweck dieses Engagements – unter anderem positive Öffentlichkeitsarbeit – erreicht worden ist.
Schließlich ist das Lesen von Zeitungen (insbesondere des Wirtschaftsteils) und von Fachzeitschriften nicht zu vernachlässigen, die oft die neuesten Erfolge oder Niederlagen von Firmen sehr ausführlich darstellen. Allerdings sollten Sie damit nicht erst eine Woche vor dem Vorstellungstermin beginnen.
Neben dieser Auswahl von Informationsmöglichkeiten, die keinen Anspruch auf Vollständigkeit erhebt, sind Ihrer eigenen Phantasie keine Grenzen gesetzt. Stammt Ihr Wissen nicht gerade aus ganz dunklen Kanälen, die nach Möglichkeit nicht benannt werden sollten, wird Ihnen eine originelle Idee in jedem Falle Pluspunkte einbringen.

Checkliste

- Besorgen Sie Imagebroschüren, Werbeprospekte, Messeunterlagen, Produktbeschreibungen, Geschäftsberichte und so weiter, und lesen Sie sie.
- Unternehmensinformationen finden Sie auch in Nachschlagewerken wie den Veröffentlichungen des Hoppenstedt-Verlages.
- Nutzen Sie Archive von Wirtschaftszeitungen und -instituten.
- Lesen Sie den Wirtschaftsteil von Zeitungen und Fachzeitschriften.

Einige strategische Anmerkungen

Bedauerlicherweise wird über Strategie im Zusammenhang mit Vorstellungsgesprächen viel zu wenig nachgedacht. Unter Strategie verstehe ich zum Beispiel Überlegungen zu Ihrer persönlichen Prioritätenliste bezogen auf das angeschriebene Unternehmen. Gibt es überhaupt eine Rangfolge für Sie, und an welche Kriterien ist sie gebunden? Haben Sie sich von einem Stellenangebot in der Zeitung unmittelbar ansprechen lassen und spontan reagiert, oder haben Sie eine sehr systematische Vorauswahl betrieben? Handelt es sich zu einem größeren Teil um vage, unaufgeforderte Bewerbungen, das heißt, möchten Sie unbedingt oder bevorzugt in einem bestimmten Unternehmen arbeiten, oder steht bei Ihnen prinzipiell die interessante Aufgabenstellung im Vordergrund? Haben Sie beide Bewerbungswege miteinander kombiniert oder sich unter Umständen nur auf eine einzige Anzeige beworben? Alles Fragen, deren Beantwortung unterschiedliche Konsequenzen für die Vorbereitung zukünftiger Vorstellungsgespräche nach sich ziehen beziehungsweise ziehen sollten.

Haben Sie sich spontan auf eine begeisternde Anzeige beworben und kommt es zu einer Einladung zum persönlichen Gespräch, dann müssen Sie mehr dafür tun, als auf eine gute Argumentation auf der rationalen Ebene vorbereitet zu sein. Sind Sie dagegen sowieso Systematiker und haben sich über die Gründe Ihrer Vorauswahl sehr viele Gedanken gemacht, können Sie sich eher auf das kommende Gespräch einlassen, ohne erst Begründungszusammenhänge „einüben“ zu müssen.

Auch kann es wichtig sein, Bewerbungen so loszuschicken, daß Sie nicht unbedingt Ihre erste Gesprächseinladung von dem Unternehmen bekommen, das ganz oben auf Ihrer Prioritätenliste steht. Sinnvollerweise beginnt man zunächst mit zwei oder drei Firmen die einem nicht ganz so wichtig sind, sozusagen zu Übungszwecken. Es wäre nicht das erste Mal, daß man einen Anstellungsvertrag ausgerechnet von einem Unternehmen angeboten bekommt, das man gar nicht so recht bevorzugt hatte: Da es beim Interview eigentlich um nichts Wichtiges ging, gab es kaum Nervosität, entsprechend war Ihr Auftritt souverän, und das nachfolgende Vertragsangebot kam fast zwangsläufig.

Zu den strategischen Überlegungen zählt natürlich auch der Zeitpunkt des Wechsels. Je nachdem, zu welchem Termin Sie spätestens einen neuen Vertrag unterschrieben haben wollen, müssen Sie Ihre Bewerbungsaktivitäten ausrichten. Eine Faustregel für die Planung ist, daß nach Anzeigenschaltung drei bis vier Wochen vergehen können, bis sich ein Unternehmen entschieden hat, welche Kandidaten zum persönlichen Gespräch eingeladen werden. Je nach Bedeutung der Position und falls Vertreter einer ausländischen Muttergesellschaft Sie ebenfalls in Augenschein nehmen wollen, kann das ganze Verfahren – auch bis zur endgültigen Absage – leicht zwei Monate dauern. Haben Sie mehrere Bewerbungen zu unterschiedlichen Zeitpunkten geschrieben, erstreckt sich die Wartezeit über einen noch längeren Zeitraum.

Checkliste

- Stellen Sie Ihre persönliche Prioritätenliste auf: Bei welchem der angeschriebenen Unternehmen würden Sie am liebsten arbeiten?
- Haben Sie spontan auf eine Zeitungsanzeige reagiert? Haben Sie sich bei einem bestimmten Unternehmen unaufgefordert beworben? Ist Ihnen die Aufgabenstellung am wichtigsten? – Jede dieser drei Bewerbungsstrategien erfordert eine andere Vorbereitung auf das Vorstellungsgespräch.
- Nehmen Sie zu Übungszwecken zuerst Einladungen von zwei oder drei Unternehmen wahr, deren Absagen Ihnen nicht besonders viel ausmachen würden.
- Faustregel für die zeitliche Planung: Ein Bewerbungsverfahren kann leicht zwei Monate dauern.

Der Erstkontakt per Telefon: Chancen und Risiken

Sie kennen sicherlich aus eigener Erfahrung solche begnadeten Telefontypen, die mit diesem Gerät zaubern können: Sie erfahren nicht nur alles, was sie wissen wollen, sondern sie können ihren jeweiligen Gesprächspartner auch so begeistern, daß er oder sie sich sehr gerne an das Telefonat erinnert – für Bewerbungen ein nicht zu unterschätzender Vorteil. Nun gibt es naturgemäß zwischen den „Zauberern" und den „stummen Fischen", die am Telefon plötzlich nicht mehr das sagen können, was sie sonst problemlos herausbringen, noch eine Menge unterschiedlicher Telefontypen. Versuchen Sie eine korrekte Selbsteinschätzung dessen, was Sie unter den besonderen Umständen eines Telefonates mit einem Ihnen fremden Menschen zustandebringen, von dem Sie im übrigen auch noch etwas wollen.

Je nach Ausgangssituation – Sie telefonieren ausgesprochen gerne und sehen darin eine Möglichkeit, Leute kennenzulernen, oder Sie tun sich in der Kommunikation mit Menschen, die Sie nicht sehen können, eher schwer – müssen Sie im Einzelfall entscheiden, was Sie sich zutrauen und ob ein Telefonat mit einem potentiellen Arbeitgeber für Sie eher ein Risiko oder eine Chance ist.

Auch muß es Teil Ihrer korrekten Selbsteinschätzung sein, ob es nicht Bereiche rund um das Telefonieren gibt, die Sie lernen können beziehungsweise sogar lernen müssen, weil Sie für Ihren Beruf schlechthin oder aber für Ihre ganz konkreten beruflichen Pläne sehr wichtig sind. In bestimmten Berufen ist es zum Beispiel nötig, unvorbereitet vor Gruppen treten und reden zu müssen, ohne zu stottern und weiche Knie zu bekommen. Können Sie das noch nicht, müssen Sie es eben lernen – auch wenn es mit sehr viel innerer Überwindung verbunden ist.

In den meisten Stellenanzeigen werden Telefonkontakte angeboten, meist mit dem Namen eines konkreten Ansprechpartners oder doch zumindest mit dem Hinweis auf eine Abteilung. Doch auch wenn es dieses Angebot nicht gibt, ist das Telefonieren selbstverständlich erlaubt, nur ist es dann oft schwieriger, die Hürde „Sekretärin" zu überwinden. Mit anderen Worten, die telefonische Anfrage wird für denjenigen erleichtert, für den Telefonieren nicht gerade ein Hobby ist, wenn die Firma auf Anrufe vorbereitet ist und entsprechend reagiert. Man wird Sie mit einer anderen Selbstverständlichkeit behandeln und auf bohrende Fragen nach Ihrem Anliegen verzichten – eine Ausgangssituation, die in jedem Fall angenehmer ist.

Je höher die persönliche Hürde für ein solches Telefonat ist, desto wichtiger die Vorbereitung, am besten in schriftlicher Form. Zunächst müssen Sie sich über das Anliegen Ihres Anrufes klar werden: Wollen Sie „nur" zusätzliche Informationen über das vielleicht zu knapp beschriebene Aufgabengebiet haben? Soll vor dem Aufwand einer schriftlichen Bewerbung geklärt werden, ob Sie mit Ihren beruflichen Erfahrungen überhaupt „passen"? Oder gilt es – falls Sie bereits eine Einladung in Händen haben –, die letzten Feinheiten vor dem eigentlichen Gespräch zu klären? Je nachdem, was Ihr konkretes Anliegen ist, muß ihre schriftliche Checkliste unterschiedlich aussehen. Vergessen Sie dabei nie, sich als erstes zu erkundigen, ob Sie gerade stören, und bieten Sie im Zweifelsfall lieber an, zu einem späteren Zeitpunkt (vereinbaren Sie eine konkrete Uhrzeit) wieder anzurufen. Ist geklärt, daß Ihr Gesprächspartner Zeit für Sie hat, sollten Sie auf eine sehr kurze, aber informative Selbstdarstellung vorbereitet sein. Es lohnt sich, dies zunächst einmal schriftlich zu versuchen. Es hört sich nämlich leichter an als es ist, sich selbst und sein Anliegen in, sagen wir, maximal sechs Sätzen vorzustellen. Präzision an dieser Stelle ist jedoch meist der „Türöffner" für die nachfolgende Unterhaltung. Ich habe nicht selten erlebt, daß jemand, dem man das Gefühl gibt, mit seiner Zeit ökonomisch umgehen zu wollen, plötzlich – bei angenehmem Gesprächspartner – sehr viel Zeit hat.

Die weiteren Punkte orientieren sich zwangsläufig an Ihrem besonderen Anliegen. Manchmal kann es von Nutzen sein, einige kurze zusätzliche Bemerkungen dazu zu machen, warum Sie sich um diese Position bewerben oder, falls keine Anzeige der Anlaß war, warum Sie sich für eine Mitarbeit in diesem Unternehmen interessieren. Jeder potentielle Arbeitgeber hört gerne etwas Nettes, solange es keine unbegründete Schmeichelei ist.

Zusammenfassend ist zu sagen, daß ein Telefonat wohl eher als Chance zu werten ist. Ein Risiko ist es allenfalls für solche Bewerber, deren Kommunikationsfähigkeit sich aus verschiedenen Gründen am Telefon eher verschlechtert. Doch gerade diese Kandidaten sollten sich ernsthaft überlegen, ob sie hier nicht dringend dazulernen und etwas verbessern müßten, auch wenn sie die überragenden Leistungen anderer mit diesem Kommunikationsmittel Telefon höchstwahrscheinlich nie erreichen werden.

Checkliste

- Versuchen Sie, Ihre Telefonfähigkeiten korrekt einzuschätzen: Telefonieren Sie ausgesprochen gerne, ist ein Erstkontakt per Anruf Ihre Chance. Tun Sie sich schwer damit, ist er eher ein Risiko.
- Auch das Telefonieren kann man lernen – es nützt nicht nur im Bewerbungsverfahren.
- Bereiten Sie ein Telefonat in Form einer schriftlichen Checkliste vor. Dabei gewinnen Sie Klarheit über Ihr Anliegen.
- Erkundigen Sie sich zuerst, ob Ihr Anruf nicht gerade stört.
- Stellen Sie sich und Ihr Anliegen in maximal sechs Sätzen vor – am besten vorher üben.
- Geben Sie dem Gesprächspartner das Gefühl, nicht seine Zeit zu verschwenden.
- Nennen Sie die Gründe für Ihre Bewerbung.
- Sagen Sie etwas Nettes über das Unternehmen, aber nicht übertreiben.

Eine notwendige Terminverschiebung – was tun?

Die Einladung des Unternehmens, der schriftlich formulierte Wunsch, Sie persönlich kennenlernen zu wollen, landet in Ihrem Briefkasten, und nach der ersten Freude stellen Sie entsetzt fest, daß der Absender mit großer Zielsicherheit ausgerechnet den Tag ausgesucht hat, an dem Sie – von Ihrem jetzigen Chef gebeten – einen wichtigen Kundentermin wahrzunehmen haben. Oder Sie erwarten an diesem Tag dienstlichen Besuch, dem Sie unmöglich ohne sehr gute Begründung absagen können – schließlich sollte ja nicht jeder wissen, daß Sie sich mit Veränderungsabsichten tragen. Also, was tun? Sind Sie nicht gerade Berufsanfänger, wird jedes Unternehmen dafür Verständnis haben, wenn Sie den Termin – insbesondere für das erste Gespräch – rechtzeitig absagen und mit einer nachvollziehbaren Begründung um einen neuen bitten. Sie sollten anläßlich einer solchen Verlegung, die ja in der Regel telefonisch erfolgt, wenn irgend möglich den neuen Zeitpunkt mündlich vereinbaren und zusehen, daß Sie nicht ein zweites Mal in diese Situation kommen. Es gilt die Faustregel: Einmal verlegen ist unproblematisch, es sei denn, es handelt sich um eine Vorstellung, an der wegen der Bedeutung der zu besetzenden Position mehrere Gesprächspartner von seiten des Unternehmens teilnehmen. Ist aus irgendwelchen Gründen eine zweite Verlegung erforderlich, wird es schwierig. Um nicht in den Verdacht zu geraten, daß Ihr Interesse trotz Ihrer Bewerbung nun doch nicht so besonders groß ist, sollten Sie davon ausgehen, daß Sie den Termin passend machen müssen. Jedenfalls muß Ihnen klar sein, daß ein potentieller Arbeitgeber, der Ihre schriftliche Bewerbung erhält, berechtigterweise davon ausgehen kann, daß Sie in einem akzeptablen Zeitraum, beginnend zwei bis drei Wochen nach Absenden der Unterlagen, für Vorstellungsgespräche auch tatsächlich zur Verfügung stehen. Eine Terminverschiebung kann von Ihnen jedoch auch aus strategischen Gründen vorgenommen werden. Ich erwähnte bereits, daß Sie, sollten Sie nicht gerade zu den Profis im Bewerbungsgeschäft zählen oder Vorstellungsgespräche als Hobby betreiben, nicht unbedingt mit der Firma beginnen sollten, von der Sie am liebsten eingestellt werden möchten. Kommt nun die Einladung zum Gespräch bei Ihrem Favoriten ausgerechnet als erste, kann es sich für Sie langfristig auszahlen, diesen Termin ein wenig nach hinten zu verschieben, um mit mehr Übungserfolgen in dieses wichtige Gespräch zu gehen.

Checkliste

- Bringen Sie Ihre Bitte um Terminverlegung rechtzeitig vor, und geben Sie eine Begründung.
- Vereinbaren Sie gleich telefonisch einen neuen Ihnen passenden Termin, damit Sie nicht noch einmal verschieben müssen.
- Eine zweite Verschiebung sollten Sie unbedingt vermeiden.
- Richten Sie sich nach Ihrer Bewerbung zeitlich auf Vorstellungsgespräche ein.
- Verlegen Sie Termine bei Unternehmen, die auf Ihrer Prioritätenliste weiter unten stehen, zu Übungszwecken nach vorn.

Die Zeitplanung

Die Zeitplanung berührt gleich mehrere Aspekte des Bewerbungsablaufes. Da ist zunächst die Frage, wann der berufliche Wechsel frühestens und wann spätestens erfolgen soll. In diese Überlegungen sollten Sie einbeziehen, ob Sie gerade in einem Projekt stecken oder eine Arbeit übernommen haben, die Sie korrekterweise zu Ende führen sollten, um für sich selbst einen guten Abgang zu haben. Je nach Aufgabengebiet sollte die Zeit auch noch reichen, um jemanden einzuarbeiten oder zumindest eine sorgfältige Übergabe an den Nachfolger zu ermöglichen.
Ein an sich selbstverständlicher Punkt, der erstaunlich oft vernachlässigt wird, ist die Kenntnis des eigenen Arbeitsvertrages und der darin vermerkten Kündigungsfrist; ist keine vereinbart, gilt in der Regel die gesetzliche: sechs Wochen zum Quartalsende. Vielfach müssen Sie innerbetriebliche oder tarifvertragliche Regelungen berücksichtigen, nach denen sich mit der Dauer der Betriebszugehörigkeit zugleich die Fristen verlängern.
Ist Ihre Kündigungsfrist aufgrund der langen Betriebszugehörigkeit und/oder der erreichten Hierarchieebene bereits sehr lang – zum Beispiel ein halbes Jahr zum Monats- oder Quartalsende –, ist es sinnvoll, vorsichtig Erkundigungen darüber einzuziehen, ob das Unternehmen Mitarbeiter, die gekündigt hatten, vorzeitig gehen ließ. Häufig erleben Sie als Reaktion auf eine Kündigung im Sinne einer unternehmenseinheitlichen Philosophie, daß man – wie es so schön heißt – „Reisende nicht aufhalten sollte", oder es ist die Überzeugung eines oder mehrerer Führungskräfte, daß Mitarbeiter, die gekündigt haben,

zwangsläufig nicht mehr voll bei der Sache sind. Selbstverständlich spielt bei dieser Reaktion eine entscheidende Rolle, ob Sie als Fach- oder Führungskraft und in welchem Bereich Sie angesiedelt sind. Meist wird von seiten der Firma eine Art Güterabwägung vorgenommen, ob Sie bis zum Ausscheiden eher Schaden anrichten können (vielleicht, weil gerade die Einführung eines neuen Produktes geplant ist und Sie Informationen darüber nicht mehr mitnehmen sollen) oder ob das Unternehmen Sie unbedingt braucht, weil Sie allein in einer ganz bestimmten Materie voll drin sind und eine fachliche Übergabe sichergestellt werden muß. Manchmal sind auch Kompromisse zu erzielen, indem Sie dem alten Arbeitgeber anbieten, auch nach dem Ausscheiden mit Rat und Tat für eine begrenzte Zeit zur Verfügung zu stehen.

Wesentlich ist in jedem Fall, sich darüber im klaren zu sein, daß eine Kündigungsfrist von vier Monaten und mehr unter Umständen für eine Bewerbung das „Aus" bedeuten kann, weil bedauerlicherweise die wenigsten Unternehmen eine langfristige Personalplanung betreiben. Es muß Ihnen gelingen, im Vorstellungsgespräch ein Gespür für die diesbezügliche „Schmerzgrenze" Ihres zukünftigen Arbeitgebers zu entwickeln, und Sie sollten zumindest signalisieren, daß Sie Verhandlungsmöglichkeiten mit Ihrer jetzigen Firma sehen.

In diesem Zusammenhang soll für bestimmte Berufskategorien wie EDV-Spezialisten, Vertriebsmitarbeiter oder Entwicklungsingenieure darauf aufmerksam gemacht werden, daß es im Arbeitsvertrag sogenannte Konkurrenz- oder Wettbewerbsklauseln geben kann. Konkret bedeutet das, Sie können unter Umständen ein oder zwei Jahre lang nicht zu einem vergleichbaren Unternehmen der Branche wechseln. Ihr alter Arbeitgeber muß Ihnen dann zwar dafür einen Ausgleich, die sogenannte Karenzentschädigung, zahlen, trotzdem sind Sie erheblich eingeschränkt. Sollten Sie eine solche Klausel vergessen haben, kann das zu einem bösen Erwachen führen.

Ein weiterer wesentlicher Aspekt der Zeitplanung ist die Anzahl Ihrer Bewerbungen. Die meisten aktiv Stellungssuchenden tun hier häufig des Guten zuviel. Es ist mir mehrere Male während meiner Personalberatungspraxis widerfahren, daß ich den Anruf eines Bewerbers erst zu einem späteren Zeitpunkt desselben Tages oder auch erst am nächsten Tag erwidern konnte und dann am Telefon erst erläutern mußte, um welche Anzeige es sich handelte. Ich habe auch schon Briefe erhalten, die sich auf ganz andere als die ausgeschriebenen Positionen bezogen. Am allerschlimmsten sind kopierte Anschreiben, in die nur noch die Anschrift des jeweiligen Unternehmens maschinenschriftlich eingesetzt worden ist. Hiermit dürfte der Höhepunkt von Unhöflichkeit wohl endgültig erreicht sein.

Fazit: Sie sollten nur so viele Bewerbungen verschicken, wie Sie auch abarbeiten können, ohne den Überblick zu verlieren. Planen Sie genug Zeit ein für die Informationsbeschaffung und das Wahrnehmen von Einladungen zum persönlichen Kennenlernen, ohne gleich Ihren Jahresurlaub darauf zu verwenden oder das Risiko einzugehen, daß Ihr Arbeitgeber so viele Arzttermine wirklich nicht mehr glaubt und somit Ihre Veränderungsabsicht vermutet. Merken Sie sich hier die Faust-

regel, daß im Durchschnitt nach drei bis vier Wochen eine Einladung zum Interview erfolgt, sofern Sie in die engere Wahl gekommen sind. Entsprechend muß Ihre Zeitplanung aussehen – auch im Hinblick auf Geschäftsreisen, Urlaub oder sonstige längere Abwesenheitszeiten. Ein Arbeitgeber, der von Ihnen eine Bewerbung erhält, kann erwarten, daß Sie ihm für persönliche Gespräche (auch mehrere) zur Verfügung stehen. Die Frage, wieviel Zeit Sie für die sorgfältige Vorbereitung auf das Interview und für die Informationsbeschaffung benötigen, läßt sich nicht so eindeutig beantworten. Zu einem großen Teil hängt das sicherlich von Ihren Möglichkeiten ab. Sind Sie in einem Bereich beschäftigt, der Ihnen leichten Zugang zu Literatur oder Datenbanken verschafft, ist dieser Zeitbedarf anders anzusetzen, als wenn Sie sich einige Stunden in eine Bibliothek setzen müssen. Gehen Sie tagtäglich mit Firmeninformationen um und haben Sie sich vielleicht sogar wegen solch konkreter Informationen beworben, ist die Ausgangssituation zwangsläufig eine andere.
Schließlich fällt unter Zeitplanung noch die Wegstrecke zu dem Unternehmen, das Sie eingeladen hat. Berücksichtigen Sie dabei, daß heutzutage aufgrund permanenter Staus genügend Reserve einzuplanen ist. Besonders verkalkulieren kann man sich bei den Fahrzeiten für Strecken, die nach der Autobahnabfahrt noch auf Bundesstraßen und durch Ortschaften zurückzulegen sind. Auch daß Sie sich verfahren können, sollte in Betracht gezogen werden. Denken Sie daran, daß Sie kaum der oder die einzige Eingeladene sind, daß eventuell mehrere Firmenangehörige die Zeit in ihrem Kalender freigehalten haben und daß die meisten Unternehmen zumindest beim ersten Gespräch eng terminieren; das heißt für Sie im Durchschnitt nur eine Stunde oder etwas mehr.

Checkliste

- Wann soll Ihr beruflicher Wechsel frühestens beziehungsweise spätestens erfolgen?
- An welche Kündigungsfrist müssen Sie sich halten?
- Ziehen Sie vorsichtig Erkundigungen ein, ob es möglich ist, Ihr Unternehmen vor Ablauf der Kündigungsfrist zu verlassen: Je nach Tätigkeit sind die Chancen dafür unterschiedlich.
- Versuchen Sie, im Vorstellungsgespräch herauszufinden, wie lange das Unternehmen höchstens auf Sie warten würde. Kündigungsfristen von vier Monaten und länger können problematisch werden.
- Eine Konkurrenz- oder Wettbewerbsklausel in Ihrem Vertrag kann Ihre Bewegungsfreiheit stark einschränken. Prüfen Sie das vor einer Bewerbung.
- Schreiben Sie nur soviele Bewerbungen, daß Sie den Überblick nicht verlieren.
- Verschicken Sie nur individuelle Bewerbungsanschreiben, keine Standardbriefe mit nachträglich eingesetzter Anschrift.
- Je nach Tätigkeit und Zugangsmöglichkeiten müssen Sie mehr oder weniger Zeit für die Beschaffung von Informationen über ein Unternehmen einkalkulieren.
- Planen Sie genug Zeit für die Fahrt zum Vorstellungsgespräch ein.

Die berufliche Gewissenserforschung

Das Problem vieler Bewerber ist, daß sie während eines Vorstellungsgespräches weder präzise beschreiben können, warum sie eigentlich die Stellung wechseln wollen, noch in der Lage sind, in abstrakter Form Auskunft über ihren Werdegang zu geben. Was damit im Detail gemeint ist, soll Thema des nächsten Kapitels sein. Unter der Überschrift dieses Kapitels möchte ich gerne allgemeiner abhandeln, welche Überlegungen angestellt werden müssen, um im Auswahlprozeß nicht in geplant oder auch unbeabsichtigt gelegte Fallstricke zu geraten.

Unter beruflicher Gewissenserforschung verstehe ich unter anderem: sich klar werden über die ganz persönlichen Motive des beruflichen Wechsels, verbunden mit der Überlegung, was man davon deutlich sagen darf; eine Analyse des Zeitpunktes für diesen Veränderungswunsch, sowohl was den Anlaß für die Initiative betrifft wie auch den günstigsten Termin des Abgangs. Auch, wenn es bei bereits erfolgter Einladung zum Interview etwas spät dafür ist, kann eine solche Gewissenserforschung doch der heilsame Auslöser für die Erkenntnis sein, aus einer spontanen Frustsituation heraus gehandelt zu haben und die derzeitige Firma eigentlich gar nicht verlassen zu wollen. Besser, diese Erkenntnis kommt jetzt als später. Sie können in diesem Stadium Ihre Bewerbung entweder zurückziehen oder das Gespräch als eine interessante Erfahrung betrachten und danach absagen. Zur Gewissenserforschung zählt auch die Betrachtung darüber, wo Sie in Ihrer beruflichen Laufbahn denn eigentlich stehen. Rechnen Sie sich eher noch zu den Berufsanfängern, oder können Sie in Teilgebieten schon mitreden? Zählen Sie zu den bereits durch Routine gelangweilten Profis und möchten selbst einmal wieder etwas hinzulernen? Beabsichtigen Sie, durch ein neues Aufgabengebiet dem, was Sie langfristig erreichen möchten, einen wesentlichen Schritt näherzukommen, oder haben Sie den Mut und die Energie, etwas völlig Neues in Angriff zu nehmen?

Diese persönliche Standortbestimmung ist schon deshalb wichtig, weil sie Hinweise darauf geben kann, an welcher Stelle im späteren Gespräch Unsicherheiten drohen. Man könnte es auch so zusammenfassen: Wie sehen Sie sich selbst im beruflichen Umfeld, gemessen an Ihren persönlichen Zielvorstellungen? Zur Gewissenserforschung und Standortbestimmung gehören verständlicherweise eine große Portion Ehrlichkeit sich selbst gegenüber, natürlich auch Disziplin und der Wille zum Nachdenken. Ich versichere Ihnen aus eigener Erfahrung, daß sich diese Anstrengung später auszahlt, weil ein Interviewer in einem Personalgespräch meist sofort merkt, ob jemand in der Lage ist, Auskünfte über seine Motive und seinen Werdegang zu geben.

Damit komme ich zu einem sehr wesentlichen Punkt dieses Kapitels: Die beschriebene Selbstanalyse dient zunächst einmal ausschließlich Ihrer ganz persönlichen Standortbestimmung. Was von diesen Überlegungen tatsächlich sinnvollerweise an Dritte, das heißt einen neuen Arbeitgeber, so oder in modifizierter Form weitergegeben wird, ist ein ganz anderes Thema, das unter anderem im Kapitel „Die schwierige Rolle des Verkäufers in eigener Sache“ angegangen wird.

Natürlich soll die Analyse Ihres bisherigen beruflichen Werdeganges nicht dazu führen, sich immer kleiner werden zu lassen, ein Risiko, das insbesondere bei Frauen gegeben ist. Es soll wirklich nur eine Standortbestimmung vorgenommen werden, die gleichermaßen Stärken und Schwächen ausweist und auf deren Basis Sie jederzeit in der Lage sind, Auskunft über Ihre beruflichen Vorhaben zu geben.

Checkliste

- Verschaffen Sie sich Klarheit darüber, warum Sie einen beruflichen Wechsel wünschen.
- Analysieren Sie, warum Sie gerade zu einem bestimmten Zeitpunkt den Arbeitsplatz wechseln möchten und welche Konsequenzen das hat.
- Überlegen Sie, wo Sie – gemessen an Ihren Zielvorstellungen – in Ihrer beruflichen Laufbahn stehen. Seien Sie dabei ehrlich mit sich selbst.
- Diese Standortbestimmung sollte Ihnen sowohl Ihre Stärken als auch Ihre Schwächen bewußt machen.

Der Warenkorb der persönlichen Kenntnisse, Erfahrungen und Fähigkeiten

Ich habe diese Überschrift absichtlich so gewählt, weil sie in gewisser Weise bildlich darstellt, worauf es mir in diesem Kapitel ankommt.
In Ihrem Leben – und Ihr Berufsleben ist nicht selten der größere Teil davon – haben Sie eine ganz vielfältige Sammlung von mehr oder weniger dauerhaftem Wissen, Erfahrungen, persönlichen und beruflichen Erkenntnissen über eigene Stärken und Schwächen sowie besonderen Fähigkeiten und antrainierten Fertigkeiten zusammengetragen. Von all diesen Warenkorbinhalten, die Sie über Jahre hinweg gesammelt haben, kann meist nur ein geringer Teil aus Ihren Bewerbungsunterlagen herausgelesen werden. Für das Bewerbungsverfahren bedeutet das zwangsläufig, Ihr bisheriges berufliches Leben so aufzubereiten, daß Sie sich bestimmter Dinge nicht nur selbst besser bewußt werden, sondern sie auch jederzeit präsentieren können.
Das Präsentieren beschränkt sich dabei nicht auf die mehr oder weniger umfassende und korrekte chronologische Wiedergabe Ihres bisherigen Werdeganges – wobei viele bereits die ersten Schwierigkeiten haben –, es geht vielmehr um die Fähigkeit, sich sowohl im eigenen Berufsleben als auch in der eigenen Persönlichkeit gut auszukennen. Das ermöglicht Ihnen, in einem gewissen Abstraktionsgrad Erfahrungen und Schwerpunkte zu bündeln, um so das Interesse Ihres Zuhörers zu treffen, kurz: zu erspüren und herauszuhören, worauf es in dem Gespräch ankommt.

Die Situation ist vergleichbar mit einem Markt. Wenn Sie dort einen Obststand haben, verkaufen Sie je nach Interessent unterschiedliche Obstsorten und richten sich dabei nach der Nachfrage. Da Sie jedoch vorher nicht so genau wissen können, was nachgefragt wird, halten Sie ein bestimmtes Sortiment bereit. Was Sie nicht haben, können Sie nicht anbieten. Andererseits werden Sie, wenn im Laufe einer Woche mehrfach eine Sorte nachgefragt wird, die Sie nicht vorrätig haben, sich darum bemühen, diese zu beschaffen, um gegenüber den Konkurrenten nicht benachteiligt zu sein. Also ein unter kaufmännischen Gesichtspunkten absolut normaler Vorgang.

Ich finde es immer wieder erschreckend, wie häufig sich Bewerber in Ihrem eigenen Lebenslauf nicht auskennen, was bis zur Unkenntnis über einzelne Daten geht. Noch häufiger ist jedoch der Mangel in punkto Jonglieren-Können mit dem Gesamtangebot dessen, was dem Bewerber zur Verfügung steht. Das hierfür erforderliche Abstraktionsniveau läßt in vielen Fällen deutlich zu wünschen übrig. Unter Abstraktionsvermögen verstehe ich in diesem Zusammenhang zum Beispiel die Fähigkeit, aus der zweimaligen Begleitung oder Durchführung von Aufbauphasen zu wissen, daß man gut organisieren kann. Sogar dann, wenn ich im Gespräch betone, daß es mir nicht um ein Abfragen des Lebenslaufes, sondern um ein systematisches Herausarbeiten der viel interessanteren stellenbezogen relevanten Inhalte und Informationen geht, wird in den meisten Fällen nur das Nacherzählen geübt; bei vielen ein etwas ermüdender Vorgang, insbesondere dann, wenn der Interviewer nur noch selten zu Wort kommt und das Luftholen des Bewerbers hemmungslos ausnutzen muß.

Wie können Sie nun – noch in der Vorbereitungsphase – dieses Jonglieren erlernen und üben? Ich will hier sehr deutlich auf die Notwendigkeit einer gründlichen Selbstanalyse hinweisen. Hilfreich sind in diesem Zusammenhang Fragestellungen, deren sorgfältige und ehrliche Beantwortung ein gutes und standfestes Gerüst bildet. Es handelt sich dabei um vier Fragen, die bei Bedarf entsprechend verfeinert werden können:

- Wie bin ich?
- Was kann ich?
- Was will ich?
- Was ist mir wichtig?

Alle diese Fragen stehen in engem Zusammenhang zueinander, und ich werde sie im vierten Teil dieses Buches im Kapitel „Die ganz persönliche Prioritätenliste für die Entscheidung“ nochmals unter die Lupe nehmen.

Fangen wir mit der vermutlich schwersten Frage an: Wie bin ich eigentlich? Um nicht ins Philosophische abzugleiten, schlage ich einige Zusatzfragen vor, die Ihnen etwas präziser die Richtung weisen:

- Was würden Menschen, die mich gut kennen, über mich sagen?
  Wen könnte ich dazu befragen?
- Wie sehe ich mich selbst?
- Welche sind meine herausragenden negativen beziehungsweise positiven Eigenschaften?
- Welche meiner Eigenschaften sollte ich noch verändern?

Manche dürften sich diese Fragen vermutlich zum ersten Mal stellen, und sie werden für die Antworten daher sicherlich sehr viel mehr Zeit benötigen als diejenigen, die schon ein wenig geübter in derlei Denkprozessen sind. Auch wenn es vielleicht schwerfällt, aber Sie sollten jetzt keinesfalls die Einstellung „Hier stehe ich und kann nicht anders“ vertreten. Es ist zwar richtig, daß sich vieles nicht unbedingt verändern läßt und für einzelne Vorstellungsgespräche schon gar nicht. Andererseits kann das Trainieren von Denkprozessen sich durchaus auch für das spätere Berufsleben als zweckmäßig erweisen.

Den meisten Menschen fällt das Lernen leicht in Bereichen, in denen sie „sie selbst sind”, in ihrem „harten Kern”. Anderes dagegen muß mehr oder weniger mühsam erarbeitet werden. Um so länger ist erfahrungsgemäß der Weg zum Ziel.

Die nächste Aufgabe: Was kann ich? ist schon etwas leichter zu bearbeiten und wird deshalb auch eher und ehrlicher in Angriff genommen. Wesentliche Zusatzfragen können hier sein:

- Was kann ich besonders gut?
- Was fällt mir relativ leicht?
- Was wollte ich immer schon in Angriff nehmen?
- Was müßte ich eigentlich noch lernen?
- Wie gehe ich mit Weiterbildung, mit dem Dazulernen um?
- Welche Schwachstellen wären in angemessener Zeit zu beseitigen, und wovon sollte ich besser die Finger lassen?
- Was ist das Fazit aus meinen bisherigen Aktivitäten und Lernbemühungen?

Auch hier gilt wieder: Der eigentliche „Kern“ des Individuums bestimmt darüber, welche Lernprozesse leicht fallen. Bei manchen ist es die Mathematik, der Umgang mit Zahlen überhaupt, bei anderen sind es Fremdsprachen. Wer kennt sie nicht, diese beneidenswerten Mitmenschen, die eine Sprache in einem Land durch Zuhören erlernen, während man selbst Ewigkeiten für das Büffeln irgendwelcher Vokabeln braucht. Rund um diesen „Kern“ gibt es eine Art Grauzone, die bereits mit größerer Disziplin beackert werden muß. Es sind dies die Kenntnisse und Fertigkeiten, die zur Bewältigung einer bestimmten Aufgabenstellung schlicht notwendig sind. Ihre Aneignung macht nicht immer Spaß, und das innere Interesse, das Beteiligtsein hält sich in Grenzen, aber es sind Techniken oder Inhalte, die erlernbar sind.

Daneben gibt es dann die weißen Flecken auf der persönlichen Landkarte. Gebiete, in die eine größere Expedition erfolgen müßte und die trotzdem mit einiger Wahrscheinlichkeit nicht erobert werden könnten. Beispiel: Ein vergleichsweise introvertierter Mensch wird in der Lage sein, eine Rede zu halten, falls sein Beruf oder eine bestimmte Situation es von ihm fordert – so etwas ist erlernbar. Er wird jedoch aller Voraussicht nach nie zum allseits bewunderten und geschätzten Öffentlichkeitsarbeiter seines Unternehmens werden.

Dieses Beispiel zeigt bereits, daß die hier propagierte Analyse kein Selbstzweck ist, sondern unter anderem Aufschluß darüber geben kann, auf welche Positionen Sie sich sinnvollerweise bewerben sollten.

Die beiden letzten Fragen: Was will ich? und Was ist mir wichtig? habe ich zwar bewußt in diesem Kapitel bereits mit aufgeführt; sie sollen jedoch ausführlich erst im vierten Teil des Buches in den Kapiteln „Die ganz persönliche Prioritätenliste für die Entscheidung“ und „Was macht einen guten Arbeitgeber aus?“ behandelt werden. Ich hoffe, daß zunächst deutlich geworden ist, was mit dem Begriff Warenkorb gemeint ist. Wir sollten uns daher jetzt dem für viele ebenfalls schwierigen Thema des Verkaufens in eigener Sache zuwenden.

Die schwierige Rolle des Verkäufers in eigener Sache

Im vorigen Kapitel habe ich bereits zum Thema Lernen Stellung genommen. Es ist meine Erfahrung, daß nur die wenigsten Menschen geborene Verkäufer sind: diejenigen von denen es sprichwörtlich heißt, daß sie sogar imstande sind, Eskimos Kühlschränke zu verkaufen. Die meisten müssen lernen, sich selbst darzustellen, zu verkaufen, und bis zu einem gewissen Grad ist das auch zu schaffen. Zwei Dinge müssen Ihnen dabei bewußt sein:

1. Ihre Arbeitskraft ist ein hochwertiges Produkt! (Was das im einzelnen bedeutet, werden wir im nächsten Kapitel diskutieren.)
2. Sie bieten dem Arbeitgeber eine Option, eine Anwartschaft auf Ihre Zukunft!

Je umfassender Ihre Berufserfahrung ist, desto wichtiger ist für Sie Punkt 1. Sind Sie dagegen noch Berufsanfänger, müssen Sie in Ihrer Verkaufsstrategie mehr Wert auf die Ausführungen zu Punkt 2 legen.

Auch wenn es vermutlich kaum einen Arbeitnehmer gibt, der sich seinem Wert entsprechend entlohnt fühlt, sollten Sie sich darüber im klaren sein, daß Sie für einen Arbeitgeber – besonders in der Einarbeitungszeit – eine erhebliche Investition darstellen. Damit diese sich auszahlt, muß das Preis-Leistungs-Verhältnis stimmen. Deshalb wird Personalauswahl auch unter dem Blickwinkel vorgenommen: Wie lange bleibt uns der Mitarbeiter erhalten? Betriebswirtschaftlich nennt man das Return on Investment.

Doch kommen wir zurück zu Sinn und Zweck eines Verkaufsgespräches. Wie im Wort Bewerbung bereits enthalten, hat dieser Vorgang etwas mit Werbung, mit persönlicher Werbung zu tun. Stellen Sie sich vor, Sie würden für irgendein Unternehmen als Vertriebsmitarbeiter tätig sein. Gerade wenn Sie sich nicht in das Klischee des Staubsaugervertreters mit dem Fuß in der Tür einreihen lassen wollen, werden Sie darauf achten, daß Sie ein Produkt verkaufen, mit dem Sie sich identifizieren können, von dessen Nutzen und Wert Sie auch persönlich überzeugt sind. Der Käufer eines solch hochwertigen Produktes hat auch immer einen gewissen Beratungsbedarf, Sie müssen erklären, wie und wofür das Produkt einsetzbar ist.

Nun übertragen Sie diese Aussagen einmal auf sich selbst. Auch Sie beziehungsweise Ihre Arbeitskraft sind verkaufstechnisch ein solch hochwertiges, vielseitiges und erklärungsbedürftiges Produkt. Vielleicht leuchtet Ihnen in diesem Zusammenhang meine Forderung nach einer präzisen Selbstanalyse noch besser ein. Es liegt auf der Hand, daß Sie sich als Produkt nur verkaufen, also bewerben können, wenn Sie fähig sind, es in allen Einzelheiten, Funktionsweisen und in seinem Nutzen für den Käufer realistisch und überzeugend darzustellen, es also zunächst selbst gut kennen. Ein guter Verkäufer, Profi in seiner Branche, wird niemals so vorgehen, daß er die Konkurrenz schlechtmacht oder behauptet, der einzige Anbieter auf dem Markt zu sein.

Er wird sich positiv über Mitbewerber äußern. Unter Umständen sagt er auch deutlich, was das von ihm vertretene Produkt nicht leistet. Dann aber kann er um so glaubwürdiger auf dessen Vorzüge eingehen und gerade solche herausarbeiten, die die Konkurrenz nicht in gleicher Weise anzubieten hat.
Auf Sie bezogen, heißt das: Es muß Ihnen bewußt sein, daß Ihre Ausbildung und Ihre bisherigen Leistungen in den seltensten Fällen so außerordentlich oder einzigartig sein dürften, daß ein Arbeitgeber Sie alleine schon deshalb engagiert. Sie müssen sich außerdem darüber im klaren sein, daß Sie – anders als Verkäufer von Kugelschreibern oder Kochtöpfen – nichts zum Anfassen anbieten können. Sie verkaufen – ähnlich einem Berater – Ihr angebliches Wissen, Ihre Leistungsbereitschaft und schließlich das Vertrauen in Sie als Mensch und zukünftigen Mitarbeiter. Ein Unternehmen wird Sie als Produkt kaufen, wenn es davon überzeugt ist, mit Ihnen ein aktuelles Problem zu lösen (nicht besetzter Arbeitsplatz) oder mit Ihrer Hilfe ein geplantes Ziel zu realisieren (Umsatzsteigerung).
Jeder Arbeitgeber wird in diesem Zusammenhang davon ausgehen, daß Sie versuchen werden, sich selbst so gut und natürlich so teuer wie möglich zu verkaufen. Eigenwerbung, solange Sie nicht in überzogene Selbstdarstellung ausartet oder mit Unwahrheiten operiert, wird also durchaus akzeptiert und als legitim empfunden. Aber auch die gekonnteste Eigenwerbung wird nur dann Erfolg haben, wenn das, was Sie anzubieten haben, auch mit den Bedürfnissen des Arbeitgebers übereinstimmt. Und herauszufinden, welche genau diese Bedürfnisse auf sachlicher, aber auch auf menschlicher Ebene sind, das ist die Kunst eines guten Verkäufers.
Um sich erfolgreich zu verkaufen, müssen Sie also immer zwei Dinge im Auge behalten. Da ist zum einen das Spektrum Ihrer persönlichen Qualifikation, also alles das, was Sie anzubieten haben an Fakten, wie Ausbildungsabschluß, konkrete Berufserfahrung und Zusatzkenntnisse. Hinzu kommt die mindestens genauso wichtige Überlegung: Was von dem, was ich anbieten kann, ist für den Käufer besonders interessant? Einiges können Sie bei gründlichem Studium der Anzeige, bei Ihrem ersten Telefonkontakt mit dem genannten Ansprechpartner, bei Beschäftigung mit Informationen über das Unternehmen, seine Produktpalette und seine Erfolge durchaus vorher herausfinden.
Was Sie jedoch nicht einkalkulieren können, sind die Erwartungen Ihrer jeweiligen Gesprächspartner. Die Kunst besteht also darin, über die Funktion, aber auch die Art der Selbstdarstellung Ihres Gegenübers so rasch wie möglich herauszufinden, was ihn am meisten interessiert. Besonders dafür empfiehlt sich ein vorheriger Telefonkontakt mit dem Unternehmen.
Sowohl bei einem Leser Ihrer Bewerbungsunterlagen wie auch bei einem Zuhörer im persönlichen Gespräch gibt es das absolut menschliche Phänomen der sogenannten selektiven Wahrnehmung. Damit ist, vereinfacht ausgedrückt, der Vorgang gemeint, daß jemand im Rahmen einer Kommunikation – sei sie schriftlich oder mündlich – nur ganz bestimmte Inhalte, auf die er besonders fixiert ist, überhaupt wahrnimmt. Ein Beispiel: Wenn ein Interviewer eine Bewerberin etwa aufgrund

ihrer Kleidung für eine Frau hält, die primär ihre Weiblichkeit einsetzt, wird er, selbst wenn das der Dame völlig fernliegen sollte, jede ihrer Äußerungen, ihre Art zu lächeln und sich zu geben in dieser Richtung interpretieren. Er nimmt sie – im Sinne eines Vor-Urteils – nur noch eingeschränkt wahr. Stellen Sie sich vor, daß Sie in jedes Bewerbungsverfahren mit einem Korb voll Informationen über sich selbst hineingehen: Nun kann es von entscheidender Bedeutung sein, wann Sie welche auspacken. Die beste Reihenfolge ist bei jedem Leser oder Zuhörer einerseits und bei jeder Position oder Aufgabenstellung andererseits unterschiedlich. Wichtigste Aufgabe in diesem Zusammenhang ist es, Interesse zu wecken, damit man weiterliest oder Ihnen weiter zuhört. Was ich damit sagen will, ist, daß Sie, die realen Inhalte Ihres Werdeganges, Ihrer persönlichen Wertvorstellungen und Ihrer Qualifikationen verschieden gewichtet und in unterschiedlicher Reihenfolge darstellen sollten, ohne dabei jedoch zu schwindeln, getreu dem Motto „Lügen haben kurze Beine". Wesentlich ist die Erkenntnis, daß positive Selbstdarstellung bedeutet, die Information rüberzubringen: Ich bin gut und weiß es, kenne aber auch meine Schwachstellen. Wichtig ist die Bereitschaft, positiv über sich zu sprechen, Natürlichkeit und Gewandtheit im Ausdruck, eine stimmige, damit korrespondierende Körpersprache sowie ein entsprechender Tonfall. Hierzu einige Übungshinweise, die allerdings keinen Anspruch auf Vollständigkeit erheben:

- Nutzen Sie günstige Gelegenheiten, Ihre Person und Ihr Können zu präsentieren. Wenn sich in Ihrem derzeitigen beruflichen Umfeld keine Chancen dazu ergeben, weichen Sie ins Privatleben aus. Ein Vortrag im Verein oder eine Tischrede beim nächsten größeren Fest sind ein gutes Übungsfeld.
- Auch die Einarbeitung eines neuen Kollegen oder einer neuen Kollegin kann eine gute Übung sein. So schulen Sie Ihre Fähigkeit, Zusammenhänge anschaulich zu schildern und wichtige von unwichtigen Informationen zu trennen.
- Üben Sie die Situation Bewerbungsgespräch mit guten Freunden, und lassen Sie sich detaillierte Rückmeldungen über den Eindruck geben, den Sie hinterlassen.
- Um Ihre schriftliche Selbstdarstellung zu verfeinern, schreiben Sie probeweise Bewerbungsbriefe für Stellen, die Ihnen interessant und attraktiv erscheinen, auch wenn Sie mit Ihrem persönlichen Werdegang nichts zu tun haben. Natürlich sollen Sie solche Briefe nicht abschicken, aber sie sind eine gute Grundlage, die Sie mit Freunden diskutieren können.

Zu einem qualifizierten Verkaufsgespräch gehört selbstverständlich auch das rasche Erfassen der Erwartungshaltung Ihres Gegenübers. Diese wird durch zweierlei geprägt und beeinflußt: zum einen durch sein Interesse, einen potentiellen neuen Mitarbeiter in vergleichsweise kurzer Zeit so gut wie möglich kennen und einschätzen zu lernen, und zum anderen durch seine höchst subjektive Interessenlage, die es so rasch wie möglich zumindest teilweise zu erfassen gilt. Der Extremfall ist sicherlich das Entdecken eines gemeinsamen Hobbys, dem schon mehr als ein Vorstellungsgespräch inhaltlich

zum Opfer gefallen ist. Damit will ich sagen, daß es nicht in Ihrem Sinne sein darf, 50 Minuten oder noch länger über Bergsteigen, Münzensammeln oder ähnliches zu reden, so angenehm eine solche Unterhaltung oder Fachsimpelei auch immer sein mag.
Doch gehen wir weiter systematisch vor. Ich habe bereits zu Anfang dieses Kapitels auf die Kriterien hingewiesen, die Ihr Verkaufsgespräch leiten sollten: Ihre Arbeitskraft als hochwertiges Produkt und daß Sie in gewisser Weise Optionen auf die Zukunft verkaufen müssen, weil es auch dem versiertesten Personalverantwortlichen und Menschenkenner kaum möglich sein dürfte, Sie in der üblichen Kürze eines Vorstellungsgespräches (ein bis zwei Stunden) umfassend einzuschätzen. Somit muß es in Ihrem ureigensten Interesse liegen, Ihr Gegenüber beim Kennenlernen Ihrer Person und Ihrer Möglichkeiten, so gut es geht, zu unterstützen. Die inhaltlichen Aspekte dazu werde ich in den nächsten beiden Kapiteln darlegen. Zum Thema Verkaufen gehört jedoch gerade das Wie, das heißt die richtige Eigenwerbung. Machen Sie sich klar – insbesondere, wenn Sie Eigenlob ablehnen –, daß Ihr Gesprächspartner eine gewisse Selbstdarstellung von Ihnen erwartet. Sie befinden sich in der Regel beim Vorstellungsgespräch auf einer Art Spielwiese, auf der Sie sich produzieren können und sollen. Für mich war und ist immer sehr aufschlußreich, wie Bewerber mit dieser Spielwiese umgehen. Einige erzählen ihr Leben nach und lassen auch die Kinderkrankheiten nicht aus – ein recht ermüdender Vorgang für die meisten Zuhörer; andere geben zwei vollständige Sätze mit Subjekt, Prädikat und Objekt von sich, setzen dann einen hörbaren Punkt und schauen den Gesprächspartner erwartungsvoll an – auch dieser Ablauf ist mehr als anstrengend. Die wenigsten Bewerber sind in der Lage, aus einem Vorstellungsgespräch eine interessante – weil informative und kurzweilige – Veranstaltung zu machen. Selbstverständlich verkenne ich dabei in keiner Weise, daß auch der Interviewer dafür der richtige Partner sein muß und es bedauerlicherweise ziemlich viele schlechte gibt. Doch ich würde so weit gehen zu erwarten, daß ein guter Bewerber zumindest einige seiner Schwachstellen durch eine gute Selbstdarstellung ausgleichen kann.
Die geforderte Eigenwerbung hat natürlich nichts zu tun mit pauschalen Behauptungen in die Richtung, der oder die Größte und Schönste zu sein. Dergleichen dürfte wohl bei den meisten Zuhörern auf vehemente Ablehnung stoßen. Eigenwerbung hat einfach zum Ziel, Ihre mit Sicherheit vorhandenen Qualitäten nachdrücklich, aber unaufdringlich und in komprimierter Form darzulegen. Dabei kommt insbesondere letzterem Punkt große Bedeutung zu. Sie erinnern sich sicherlich an meine Ausführungen zur erforderlichen Abstraktionsfähigkeit bei der Darstellung von Erfahrungen, Kenntnissen und Fähigkeiten. Nun, hier wird sie gebraucht. Es ist zwar (leider) bei vielen Interviewern immer noch üblich, sich den Lebenslauf erzählen zu lassen, doch sollten Sie hierbei beweisen, daß Sie mit den Inhalten, wie ich es nannte, jonglieren können. Ein gutes Verkaufsgespräch bringt die wesentlichen Dinge präzise auf den Punkt und bietet sie als Zusammenfassung oder Gliederung insbesondere dann an, wenn eine ausführliche chronologische Berichterstattung gewünscht wird. Konkret kann

das dann so aussehen: Sie berichten zunächst von den vielleicht drei oder vier Etappen Ihres beruflichen Werdeganges und fassen dann zusammen, indem Sie erläutern, was Sie bei welchem Arbeitgeber gelernt, also mitgenommen haben. Oder Sie beschreiben einige Erfahrungen und Fähigkeiten, zum Beispiel Ihr Organisationstalent, das Sie während zweier Aufbauphasen unter Beweis stellen mußten. Oder Sie weisen darauf hin, daß Sie ein Auslandssemester absolviert haben, um Ihre Sprachkenntnisse zu perfektionieren, und wie gut Sie diese Kenntnisse bei Ihrem späteren Arbeitgeber nutzen konnten – eine elegante Art und Weise auf fließende Sprachkenntnisse in einer Fremdsprache hinzuweisen.
Neben diesem für die darzustellende Qualifikation sozusagen obligatorischen Teil sollten Sie aber auch noch auf das individuelle Interesse Ihres Gesprächspartners eingehen. Um hier den richtigen Ton und Inhalt zu treffen, müssen Sie sich darüber im klaren sein, daß es zwei Möglichkeiten gibt. Die eine ist geprägt durch das berufliche Aufgabengebiet Ihres Gegenübers (Visitenkarte beachten!): Ein Marketingleiter wird eine andere Art von Mensch mit anderen Interessen sein, als ein kaufmännischer Leiter. Rechnen Sie also – salopp gesprochen – mit individuellen Berufsschäden. Gelingt es Ihnen, durch einige geschickte Fragen herauszufinden, ob Ihr Gesprächspartner aus wirklicher Neigung in seiner jetzigen Funktion ist, haben Sie bereits wesentliche Hinweise. Hinzu kommen selbstverständlich Wahrnehmungen über Alter, Auftreten, Artikulation und anderes mehr, die es Ihnen ermöglichen sollten, eine Art Puzzle über Ihren Gesprächspartner zusammenzulegen.
Doch Vorsicht: Dieses Puzzle darf nie als endgültig betrachtet, es muß permanent angepaßt werden! All dies gehört zu den Grundlektionen, die ein guter Verkäufer in eigener Sache lernen muß:

- Eingehen auf die Wünsche des Gesprächspartners, zum Beispiel nach Darstellung des beruflichen Werdeganges
- Informieren über die Fakten –präzise und auf das Wesentliche beschränkt
- Gezielte Eigenwerbung durch Herausarbeiten Ihrer Qualitäten
- Herausfinden von berufsbezogenen und persönlichen Interessenlagen des Interviewers und die entsprechende Anpassung der eigenen Ausführungen

Hilfreich für das Erkennen, ob Sie richtig liegen oder ob Sie Ihren Zuhörer längst verloren haben, ist dessen Körpersprache. Diese zu verstehen setzt voraus, daß Sie Anzeichen richtig zu deuten verstehen, und vor allem, daß Sie sie überhaupt wahrnehmen. Viele Bewerber sind vor lauter Nervosität so sehr mit sich selbst beschäftigt, daß sie kaum noch etwas von ihrer Umgebung mitbekommen. Vielfach brechen Sie den Blickkontakt ab, um ihren Vortrag nicht zu gefährden. Dadurch gehen viele positive und negative Signale verloren, die äußerst hilfreich wären, zum Beispiel ein Stirnrunzeln als Ablehnung eines Standpunktes, ein Fingerklopfen, das Langeweile signalisiert, oder ein erfreutes Nicken bei gemeinsamer Wellenlänge. Die wenigsten Menschen haben ihre Körpersprache unter Kontrolle; und genauso, wie ich Interviewern in Seminaren einschärfe, sich nicht von versierten Bewerbern manipulieren zu lassen, kann ich Ihnen nur empfehlen,

die Signale der Körpersprache zu Ihrem persönlichen Vorteil zu nutzen.
Ein kluger Bewerber braucht sich nur am erfreuten Nicken seines Gesprächspartners auszurichten und wird diesem in bester Erinnerung bleiben. Selbstverständlich sollten bei allen Ihren Verkaufsbemühungen Realitätsnähe und Wahrheitsliebe eine natürliche Grenze bilden. Es gibt nämlich für einen Neuankömmling in einem Unternehmen keinen schlimmeren Start, als mit zuviel Vorschußlorbeeren bedacht worden zu sein, denen er dann unter Umständen nicht entsprechen kann – von so menschlichen Eigenschaften der zukünftigen Kollegen wie Neid oder Mißgunst einmal abgesehen. Um es noch einmal sehr deutlich zu sagen: Ein professionelles Bewerbungs- beziehungsweise Verkaufsgespräch ist durch präzise, umfassende, korrekte, das heißt wahrheitsgetreue, auf Interessen gezielt eingehende Informationen gekennzeichnet und läßt trotzdem den Werbeaspekt nicht außer acht.

Ihre Arbeitskraft – ein hochwertiges Produkt

Diese Tatsache müssen Sie unbedingt verinnerlichen, weil eine solche Einstellung auch hilft, Niederlagen, das heißt Absagen leichter zu verkraften. Was nützt es beispielsweise, jemandem einen qualitativ hochwertigen und sehr funktionstüchtigen Rasenmäher anzubieten, der dieses Produkt überhaupt nicht braucht? Mit anderen Worten: Sie müssen im Falle einer Absage akzeptieren lernen, daß Sie zwar eine Menge anzubieten haben, aber ein Unternehmen beziehungsweise ein potentieller Vorgesetzter jemanden mit genau dieser Qualifikation generell oder im Augenblick nicht brauchen kann. Vielleicht gab es auch Bewerbungsgespräche, in denen Sie verkannt worden sind, oder solche, in denen Sie Fehler gemacht haben, zum Beispiel bei der Selbstdarstellung. Entschuldigen Sie Ihre Fehler nicht einfach, sondern lernen Sie daraus. In jedem Fall bleibt die Grundaussage dieses Kapitels bestehen; es gilt allerdings das eine oder das andere zu bedenken. Unterstellen wir, daß Sie eine Qualifikation vorzuweisen haben – ob Ausbildungsberuf oder Studium ist dabei zweitrangig – und bereits einige, sagen wir drei bis fünf Jahre konkrete berufliche Erfahrungen sammeln konnten. Dann gehören Sie unter Umständen zu den begehrten und hoffnungsvollen Nachwuchskräften, entweder für eine qualifizierte Fachlaufbahn oder für zukünftige Führungsaufgaben. Mittlerweile ist ja die Erkenntnis Allgemeingut, daß der Arbeitsmarkt für Fach- und Führungskräfte immer enger wird. Eine zunehmende Zahl von Firmen (insbesondere die Konzerne) unternehmen inzwischen beträchtliche Anstrengungen, um beispielsweise gute Hochschulabsolventen für sich zu gewinnen. Obwohl also die Zeit in diesem Bereich klar für die Arbeitnehmerseite arbeitet, sollte das Bewerber keinesfalls zu Überheblichkeit oder Nachlässigkeit verführen, denn auch für sie sind die Anforderungen an das Produkt Arbeitskraft deutlich gestiegen und Bewerber, die die Meßlatte verfehlen, haben keine oder zumindest nur deutlich eingeschränkte Chancen.
Was macht denn nun Ihre Arbeitskraft eigentlich zu einem hochwertigen Qualitätsprodukt?
Ich möchte diese Frage mit einem Katalog beantworten, wie ich ihn immer

wieder von Arbeitgebern höre und der je nach beruflichem Einsatzgebiet, Branche und Unternehmen noch zu ergänzen ist. Der Arbeitsmarkt stellt folgende Anforderungen:

- Hohes Qualifikationsniveau
- Abstraktionsfähigkeit
- Geistige Flexibilität (über den Tellerrand schauen können)
- Ausgeprägtes Artikulationsvermögen
- Kommunikationsbereitschaft und -fähigkeit
- Internationalität (Sprachkenntnisse)
- Frühe Selbständigkeit und Bereitschaft zur Übernahme von Verantwortung
- Regionale Mobilität
- Fähigkeit zum Definieren persönlicher Ziele
- Zielstrebigkeit und Hartnäckigkeit im Verfolgen dieser Ziele
- Bereitschaft, Ziele an veränderte Rahmenbedingungen anzupassen
- Vernünftiger Ehrgeiz
- Soziale Kompetenz
- Souveränität im Umgang mit Informationstechnologie
- Bereitschaft zu permanentem Lernen

Eine beachtliche Auflistung, die jedoch bereits erkennen läßt, wie eng die einzelnen Forderungen miteinander verzahnt sind. Natürlich kann keiner dies alles in gleicher Weise anbieten; gleichwohl sollte man vorsichtig sein, diese Auflistung als eine Maximalforderung abzutun, nur weil sie so oder ähnlich häufig in Stellenanzeigen zu finden ist. Inserate sind auch ein Werbeinstrument; die hier geforderten Qualitäten eines Arbeitnehmers sind jedoch orientiert an den Erfordernissen der bisherigen und vor allem der zukünftigen Wirtschaftsentwicklung. Wenn dieses Buch erscheint, ist der EG-Binnenmarkt mehr oder weniger Realität und verstärkter internationaler Wettbewerb die logische Konsequenz. Anders als in den USA haben wir es in Europa mit sehr unterschiedlichen Kulturen und Sprachen zu tun, ein Faktum, dem Rechnung getragen werden muß. Wir werden vielleicht in Kürze schon dankbar sein für die Bewährungsprobe im Osten unseres Landes, weil diese endlich einmal wieder Kreativität und geistige Flexibilität im Umgang mit Problemen erfordert und trainiert hat – Fähigkeiten, die wir wirtschaftlich und politisch für die Zukunftsbewältigung dringend benötigen.

Daher lautet meine Empfehlung, diese Auflistung als Meßlatte ernst zu nehmen und als Herausforderung zu betrachten. Das bedeutet unter dem Blickwinkel dieses Kapitels: ehrliches und kritisches Überprüfen der einzelnen Punkte, um für sich selbst herauszufinden, was davon bereits ausreichend vorhanden ist und somit bewußt in den Vordergrund gestellt werden kann – Stichwort: Verkaufsgespräch – und was noch eines mehr oder weniger intensiven Trainings bedarf.

Obwohl es sich bei dieser Aufzählung um relativ allgemeine Anforderungen handelt, bietet ihre Überprüfung doch verläßliche Anhaltspunkte dafür, ob Ihre persönliche Eignung für bestimmte Funktionen oder berufliche Einsatzgebiete gegeben ist. Diese Selbsteinschätzung kann sich entweder an den Defiziten oder an den persönlichen Stärken orientieren. Beispiel: Je größer Ihre soziale Kompetenz ist (der gekonnte Umgang mit Menschen), desto besser eignen Sie sich vermutlich für Führungspositionen. Oder: Je weniger ausgeprägt Ihr Artikulationsvermögen ist,

desto eher sollten Sie Positionen und Aufgabengebiete meiden, die gerade auf diesem Gebiet hohe Anforderungen stellen, wie zum Beispiel Öffentlichkeitsarbeit.
Wie hochwertig aber Ihre Arbeitskraft ist, hängt nicht nur von Ihrem Erfahrungs- und Fähigkeitsspektrum ab, also dem im einzelnen erreichten absoluten Qualitätsniveau, wesentlich ist auch, wem Sie das alles anbieten, welcher Branche, welchem Unternehmen, welcher Person – gemäß der Aussage: Nicht jeder kann einen Rasenmäher brauchen (Vergleichbares gilt natürlich auch für Quantität und Qualität der einem Arbeitgeber angebotenen Ware). Wer das erste Mal mit dem Argument der Überqualifikation abgelehnt worden ist, weiß wovon ich spreche. Nicht jeder Arbeitgeber möchte ein Luxusauto kaufen; das hat einmal etwas mit dem Preis zu tun (je qualifizierter und vielseitiger, desto teurer), zum anderen aber auch mit den Nutzungsmöglichkeiten und schließlich mit dem Risiko, Sie bei Unterforderung rasch wieder zu verlieren – Stichwort: Return on Investment. In einer nicht exportorientierten Firma jemanden einzustellen, der drei Fremdsprachen fließend beherrscht, ist schlichte Dummheit; leider passiert es trotzdem immer wieder. Die Hochwertigkeit eines Produktes macht sich eben insbesondere daran fest, welcher Nutzen damit verbunden ist. So sind wir bei einem weiteren wesentlichen Punkt Ihrer Vorbereitung, die Informationen über Ihre Qualifikation und Ihre Person zielgerichtet weitergeben zu müssen. Damit meine ich sowohl die richtige Reihenfolge (Was interessiert den Gesprächspartner am meisten?) als auch die Auswahl (Was kann oder sollte betont, was ganz weggelassen werden?). Im Extremfall kann das bedeuten, daß Sie für das Ziel, bei einem ganz bestimmten Arbeitgeber anzukommen, nur die Hälfte dessen erwähnen dürfen, was Sie tatsächlich zu bieten haben. Dann müssen Sie sich aber auch über Ihre persönlichen Ziele und Ihre Erwartungshaltung klar sein, um Enttäuschungen zu vermeiden.

Der Nachweis der Erfahrungen – Bringschuld oder Holschuld?

Ich möchte behaupten: eine Mischung aus beidem; der größere Teil liegt aber sicherlich auf der Bringerseite – vielleicht zwei Drittel zu einem Drittel. Dieses Drittel auf Arbeitgeberseite besteht vor allem im Atmosphärischen, in der Verpflichtung, die Rahmenbedingungen dafür zu schaffen, daß Sie Ihrer Bringschuld überhaupt nachkommen können. Dazu zählt für mich vor allem, daß ausreichend Zeit und vernünftige Räumlichkeiten verfügbar sind, daß keine Unterbrechungen stattfinden, daß die Bereitschaft zuzuhören vorhanden ist, daß qualifizierte Fragen gestellt werden, daß Streßfaktoren vermieden werden, daß ehrliches Interesse und die Bereitschaft, Hilfestellungen zu leisten gegeben sind, daß die Absicht besteht, Informationen zu geben, und daß Freundlichkeit und Respekt selbstverständlich sind. Alles übrige ist Ihre Sache, Ihr Auftritt. Sie bekommen also Bühne, Requisiten, Souffleur (in begrenztem Umfang) und aufmerksames Publikum gestellt, nur spielen müssen Sie. Ob Ihnen anschließend der Applaus sicher ist, hat sehr viel – sicher nicht alles – mit Ihrer Darbietung zu tun.

Je besser Sie auf diesen Auftritt vorbereitet sind – wozu auch die Fähigkeit zum Improvisieren gehört –, desto besser die Vorstellung. Wenn Sie sich diesen Vergleich mit dem Theater richtig vor Augen führen, wird Ihnen vermutlich klar, warum ich in den vorangegangenen Kapiteln so außerordentlich viel Wert auf eine gute und eine umfassende Vorbereitung gelegt habe. Da Sie in der Regel bestimmte Chancen nur einmal bekommen, möchte ich Sie in die Lage versetzen, diese optimal nutzen zu können.

Bringschuld heißt also konkret, daß Sie Ihren Gesprächspartner beim persönlichen Kennenlernen – denn dazu sind Sie eingeladen – so gut wie möglich unterstützen sollen. Dazu gehört zum einen, sich als Gast an bestimmte Höflichkeitsformen zu halten und sich nach den Wünschen und Aufforderungen des Gastgebers zu richten; zum anderen sollen Sie durch die Art und Weise Ihrer Ausführungen nicht nur einen Überblick über Ihre Kenntnisse und Erfahrungen bieten, sondern auch Einblick in Ihre Persönlichkeit gewähren. Machen Sie sich klar, daß es in Ihrem ureigensten Interesse sein kann, aufgrund dieses Kennenlernens abgelehnt zu werden: Mangelnde Paßgenauigkeit zwischen Bewerber und Unternehmen oder Vorgesetztem führt in der Regel zu außerordentlichen Belastungen für beide Seiten und sollte unbedingt vermieden werden. Auch daher ist größtmögliche Ehrlichkeit – allerdings auf beiden Seiten – angebracht. Damit meine ich selbstverständlich nicht, daß Sie offen über jede Schwachstelle berichten sollten – den Schwächen, und wie sie artikuliert werden können, ist das nächste Kapitel gewidmet. Genauso unsinnig ist es jedoch, aufgrund mangelnder Ehrlichkeit später in der entsprechenden Position wegen der selbst provozierten falschen Erwartungshaltung an mehreren Fronten gleichzeitig kämpfen zu müssen. Unter Bringschuld fällt auch, die begrenzte Aufnahmefähigkeit und Verarbeitungskapazität eines Zuhörers zu berücksichtigen. Ein Aspekt der Höflichkeit ist zum Beispiel, nicht wie ein Wasserfall zu reden, sondern auch Pausen für Fragen zu lassen. Bemühen Sie sich zu realisieren – Stichwort: Körpersprache –, wann Sie genug zu einem Thema gesagt haben, eine Frage ausreichend beantwortet ist oder ob Ihr Gegenüber noch nicht zufrieden zu sein scheint, etwas noch nicht verstanden hat.

Die Bringschuld kann sogar so weit gehen, daß Sie einem ungeübten Interviewer helfen müssen, die für ihn erforderlichen Informationen zu erhalten, etwa in der Weise, daß Sie formulieren: Ich könnte mir vorstellen, daß für Sie noch von Interesse ist ... Vielfach werden Ihnen zu Bereichen, die Sie persönlich für wesentlich halten, gar keine Fragen gestellt; also müssen Sie sich etwas einfallen lassen, wie Sie Ihre Themen trotzdem an den Mann oder die Frau bringen, damit sie nicht unter den Tisch fallen.

Leitlinie für Ihre Bemühungen in diesem Zusammenhang muß immer sein: Was benötigt Ihr Gesprächspartner entweder für seine Entscheidung (sofern er oder sie selbst entscheiden darf), oder welche Informationen braucht er, um Sie ausreichend präzise seinem Vorgesetzten oder anderen Personen beschreiben zu können, damit derjenige entweder nickt, das heißt Ihrer Einstellung zustimmt, oder genügend Interesse für eine Einladung zu einem weiteren Gespräch aufbringt.

Aufpassen und gegensteuern müssen Sie vor allem dann, wenn Sie an einen Gesprächspartner geraten, der selbst die meiste Zeit redet, eine Interviewsituation, die eher zur Regel als zur Ausnahme zählt. So angenehm und verlockend das für den Moment sein mag, nur freundlich und zustimmend an bestimmten Stellen nicken zu müssen, so sehr kann sich das später rächen, wenn nämlich Ihr Interviewer nicht die Entscheidungsperson war, Bericht erstatten soll und plötzlich feststellt, daß er so gut wie nichts über Sie weiß – einmal abgesehen von den Fakten des Lebenslaufes, die aus den Bewerbungsunterlagen hervorgehen. Es muß also in Ihrem Interesse sein, das Gespräch so zu beeinflussen, daß nicht nur gezieltes Informieren Ihrerseits möglich ist, sondern daß Sie auch selbst noch einige Fragen stellen können. Alles in allem eine Aufgabenstellung, die durchaus einiger Übung bedarf.

Checkliste

- Richten Sie sich als Gast nach den Wünschen Ihres Gesprächspartners.
- Gewähren Sie einen Einblick in Ihre Persönlichkeit.
- Seien Sie so ehrlich wie möglich – so läßt sich am besten herausfinden, ob Sie mit dem Unternehmen zusammenpassen.
- Reden Sie nicht ununterbrochen, lassen Sie Pausen für Fragen.
- Versuchen Sie, Informationen, die für die Entscheidung wichtig sind, auch unaufgefordert einzubringen.
- Verschaffen Sie sich Gelegenheit, Ihre Fragen stellen zu können.

Wie mit persönlichen Schwachstellen umgehen?

In meinen bisherigen Ausführungen habe ich die Fahne der Wahrheit sehr hoch gehalten und die Gründe dafür genannt – ich habe meine Probleme mit Menschen, die Offenheit grundsätzlich für Dummheit halten. Andererseits verlangt natürlich niemand von Ihnen, daß Sie sich mit Ihren Ausführungen selbst schaden, und Ehrlichkeit bedeutet auch keinesfalls, den ein oder anderen Irrtum oder Fehler unbedingt als solchen ausweisen zu müssen. Auch erwartet niemand, daß Sie einen Arbeitgeber mit der Nase auf eine fachliche oder persönliche Schwäche stoßen – immer vorausgesetzt, Sie sind sich der Schwachstelle bewußt und sicher, daß sie für die Bewältigung der diskutierten Position entweder keine Rolle spielt oder Sie sie innerhalb kurzer Zeit (vielleicht sogar bis zum Antritt der Stelle) schließen können. Ein anderes Verhalten wäre eine nicht zu rechtfertigende Schädigung Ihres zukünftigen Arbeitgebers – von Ihren Belastungen im beruflichen Alltag einmal abgesehen. Innerhalb der Probezeit die Kündigung zu erhalten oder diese nahegelegt zu bekommen ist nämlich gar nicht mehr amüsant, obwohl es Arbeitnehmer gibt, die das sehr gelassen sehen.

Ein gutes Beispiel für eine Schwachstelle, die sich durch geschicktes Argumentieren verstecken läßt, ist der mangelnde rote Faden im persönlichen Werdegang. So können Sie zum Beispiel einen fachlichen Ausrutscher, etwa die Wahl eines Aufgabengebietes, das nicht Ihren Stärken entspricht, primär unter dem Aspekt darstellen, was Sie während der unter Umständen kurzen Zeit gelernt haben. Oder Sie begründen die aus dem Fehlgriff resultierende kurze Verweildauer bei der Firma damit, daß es Ihnen ausschließlich um das Erlernen ganz bestimmter Techniken ging. Selbstverständlich müssen Sie dann auch über diese Kenntnisse verfügen, sonst würde sich eine solche Argumentation rasch rächen. Außerdem können Sie einen kurzfristigen Arbeitgeberwechsel mit mangelnden persönlichen Entwicklungschancen begründen. Worauf ich hinaus will, ist eigentlich nur die Technik, die in den meisten Fällen durchaus vorhandenen positiven Aspekte hervorzuheben und diese in einen größeren Zusammenhang zu stellen. Damit verfälschen Sie keine Fakten, aber schließlich können Sie die Schritte Ihres beruflichen Werdeganges oder Ihrer persönlichen Entwicklung nachträglich mit Motiven verbinden, deren zukünftige Bedeutung Sie damals noch nicht erkennen konnten. Wie oft erweist sich im Laufe des Berufslebens eine bestimmte Weichenstellung oder ein Zufallsereignis als außerordentlich wertvoll. Wer will Ihnen später noch beweisen, daß Sie nicht genau diese Überlegungen bereits damals angestellt haben? Beispiel: Sie haben einen Studienfachwechsel hinter sich, der Ihre Ausbildungszeit verlängert hat und dessen eigentliche Ursache war, daß Sie mit dem ersten Fach nicht zurechtgekommen sind. Ob dies Leistungs- oder Neigungsgründe hatte, sei dahingestellt. Trotz allem haben Sie sicherlich im ersten Teil des Studiums etwas Sinnvolles gelernt und den zweiten Teil – vermutlich in einem Neigungsfach – mit guten Noten beendet. Je nach Arbeitgeber und Aufgabengebiet läßt sich ohne weiteres argumentieren, Sie hätten im Hinblick auf Ihre Berufswahl die Inhalte beider Studiengänge gebraucht und nachfolgend habe sich diese Studienkombination als sehr sinnvoll und hilfreich erwiesen.

Eine weitere Variante im Umgang mit persönlichen Schwachstellen ist die, etwas als konkrete Erfahrung auszuweisen, Positionen und Aufgabengebiete mit entsprechenden Anforderungen zukünftig bewußt zu meiden und dann den Interviewer im Vorstellungsgespräch selbst auf diese Schwäche hinzuweisen. Bei dieser Vorgehensweise ist immer dann äußerste Vorsicht geboten, wenn es sich um ein Defizit handelt, das für nahezu jeden Beruf ein Handicap wäre, wie zum Beispiel gänzlich fehlende Fremdsprachenkenntnisse oder die mangelnde Fähigkeit, sich schriftlich gut und verständlich auszudrücken. Andererseits gibt es eine Vielzahl von Schwachstellen, die für bestimmte Aufgabengebiete von geringer Relevanz sind oder – auch das ist wichtig – denen eine sehr ausgeprägte Stärke, die für den Arbeitgeber von Nutzen ist, gegenübersteht. So müssen Sie sicherlich als Fachkraft im Finanz- oder Rechnungswesen kein begnadeter Verkäufer und Akquisiteur sein oder sich als charmanter Alleinunterhalter auf einem Betriebsfest profilieren können. Haben Sie jedoch als Mitarbeiter im Bereich der Öffentlichkeitsarbeit Probleme, sich vor eine Gruppe zu stellen, dann sind Sie entweder im falschen Beruf beziehungsweise streben den falschen an oder – unterstellt, Ihre Fähigkeiten im Abfassen von Texten sind anerkanntermaßen überragend (das heißt nicht Sie allein sind dieser Überzeugung) – dann ist es dringend geboten, den potentiellen Arbeitgeber darauf hinzuweisen. Dieser kann dann für sich entscheiden, ob seine Abteilung Öffentlichkeitsarbeit groß genug für eine

Spezialistenfunktion ist oder ob er Ihnen, weil er an Ihre Fähigkeiten glaubt, eine entsprechende Fortbildung anbietet oder Ihnen Zeit läßt, sich zu entwickeln.

In diesem Zusammenhang ist auch von wesentlicher Bedeutung, woher Sie selbst um Ihre Schwachstellen wissen. Haben Sie etwas häufig und mit viel Anstrengung ausprobiert und sind jedesmal gescheitert? Oder hatten Sie einfach noch nicht die Gelegenheit, etwas auszuprobieren oder vernünftig vermittelt zu bekommen? Wichtig ist auch, ob Sie bestimmte Kenntnisse bisher noch nie anwenden konnten, aber einen solchen Perfektionsanspruch an sich selbst stellen, daß Ihnen bei deren Präsentation einfach etwas mulmig wird, und Sie deshalb eher dazu neigen zu behaupten, Sie könnten das nicht. All das gehört zu einem großen Teil in das Kapitel „Die berufliche Gewissenserforschung" und ist wesentlich für die Vorbereitung eines beruflichen Wechsels.

Schließlich möchte ich auch den Aspekt des freimütigen Zugebens von falschen Entscheidungen oder von Niederlagen nicht außer acht lassen. Es gibt im Lebenslauf Situationen und Ereignisse, die man nicht beschönigen kann oder sollte. Fast immer – jedenfalls ist das meine Erfahrung – nötigt es Zuhörern großen Respekt ab, wenn Sie zu einer Fehlentscheidung stehen, erläutern, warum sie zustande kam (ohne alles auf die Umstände zu schieben – das entwertet den positiven Eindruck), wie Sie die Sache in Ordnung gebracht und was Sie daraus gelernt haben. Manchmal kann das, was Sie dann argumentativ vertreten, sogar auf das ausdrückliche Wohlwollen Ihres Gesprächspartners treffen. Auch hierfür ein konkretes Beispiel: Sie waren bis auf eine einzige Ausnahme nur in Konzernen tätig, und Ihr Ausflug in ein kleines Unternehmen war ein Fehlgriff. Aller Voraussicht nach können Sie mit einem Konzernvertreter als Interviewer offen darüber reden und deutlich machen, daß Sie sozusagen reumütig in ein Großunternehmen zurückkehren wollen. Selbstverständlich funktioniert das Ganze auch anders herum: Sie sind in einem Konzern gescheitert, weil Sie mit der dort üblichen Aufgliederung in Teilaufgaben nicht zurechtgekommen sind, und bewerben sich erneut bei einer kleineren Firma.

Hier schließt sich der Kreis, und ich bin wieder bei der Verkaufstechnik in eigener Sache: Aus sehr vielen Mosaiksteinchen können Sie Rückschlüsse auf die Einstellung Ihres Gesprächspartners ziehen, und es ist Ihnen daher zumindest in den Grundzügen möglich, aufgrund der Interessenlage Ihres Gegenübers das aus dem Warenkorb Ihrer Erfahrungen und Kenntnisse hervorzuholen, was für ihn relevant oder besonders interessant sein dürfte.

Checkliste

- Versuchen Sie, eine Schwachstelle im beruflichen Lebenslauf durch geschicktes Argumentieren zu überbrücken.
- Stellen Sie Ihre positiven Seiten in den Vordergrund.
- Stellen Sie Ihren Werdegang als einen Zusammenhang dar, auch wenn solche Gedankengänge im Einzelfall bei Ihren Entscheidungen noch keine Rolle gespielt haben.
- Sie können eine Schwachstelle auch zugeben und sie als Erfahrung bewerten, aber Vorsicht bei grundlegenden Defiziten.
- Stehen Sie zu einer nicht zu verbergenden Fehlentscheidung.

Was tun gegen Lampenfieber?

Erstens: Lampenfieber, oder vielleicht besser, eine Anfangsnervosität ist normal. Jeder einigermaßen professionelle Interviewer weiß darum und kennt Techniken genug, um nervöse Kandidaten zu entkrampfen. Zweitens: Es gibt etliches, was Sie selbst tun können, um die Ängste zumindest zu reduzieren. Dazu sollten Sie möglichst vorher analysiert haben, was eigentlich die meiste Angst bei Ihnen auslöst. Da gibt es nämlich große Unterschiede, denen man entsprechend unterschiedlich Rechnung tragen muß. Drittens möchte ich ganz bewußt die etwas provokative These aufstellen, daß das Vorstellungsgespräch unter kommunikationstechnischen Gesichtspunkten eine Art Optimalsituation darstellt. Warum? Nun, wo sonst finden Sie im Alltag die Rahmenbedingungen vor, daß sich ein fremder Mensch die Zeit nimmt, sich auf Sie zu konzentrieren, um Sie als Individuum besser kennenzulernen? Ihr Gegenüber ist sozusagen qua Amt und Interessenlage verpflichtet, Ihnen aufmerksam zuzuhören, Ihnen die Möglichkeit zur Selbstdarstellung zu geben, Sie sogar darin zu unterstützen, Sie zu informieren, Ihre Fragen zu beantworten und zuvorkommend zu sein. Zugegeben, nicht jeder Interviewer wird diesem Ideal gerecht. Trotzdem möchte ich hier bei der grundsätzlichen Aussage bleiben, da das Bewußtmachen dieser Rahmenbedingungen durchaus dazu führen kann, Ängste abzubauen. Mit der richtigen Einstellung zu dieser Ausnahmesituation kann sich daraus eine qualifizierte Gesprächsform entwickeln, die ab dem dritten oder vierten Mal durchaus auch Spaß bringt. Es soll sogar Hochschulabsolventen geben, die so etwas wie Vorstellungstourismus – bezahlten natürlich – betreiben und auf diese Weise Deutschland kennenlernen. Ich möchte bestimmt nicht so verstanden werden, daß ich nun jedem das Führen von Vorstellungsgesprächen als Zweit- oder Dritthobby nahelegen will. Aber lassen Sie doch diese These einmal auf sich wirken. Hinzu kommt noch meine nachdrückliche Empfehlung, sich einmal bewußt in die Situation Ihres Gegenübers zu versetzen: Für die Mehrzahl der Interviewer gibt es nichts Schlimmeres und Belastenderes als jemanden vor sich zu haben, der vor lauter Angst und Nervosität mit so viel Rücksichtnahme behandelt werden muß, daß der eigentliche Zweck des Gespräches – das persönliche Kennenlernen – kaum erreicht wird. Ich betone nochmals, daß ich nicht die ganz normale Anfangsnervosität meine, der zu begegnen die Pflicht jedes professionellen Interviewers ist. Es gibt eine ganze Reihe von Fach- und Führungskräften, die sich unsicher fühlen und durchaus Schwierigkeiten mit ihrer Rolle als Interviewer sowie absolut vergleichbare Ängste haben. Ich weiß das aus meinen Seminaren über professionelle Personalauswahl, die sich an die Gegenseite wenden und während derer ich immer wieder gefragt werde, wie man sich denn unter solchen Umständen – kaum zu reduzierende Angst beim Bewerber – verhalten solle. Übrigens haben auch eine Vielzahl von Prüfern diese Rollenprobleme und fühlen sich in Anbetracht von Prüfungsängsten bei Menschen sehr unwohl, denen sie eigentlich gar nichts tun wollen, außer mit ihnen eine gute fachliche Diskussion zu führen. Der Extremfall in meiner eigenen Laufbahn als Interviewer war eine junge Dame, die sich auf die Position einer Sekretärin beworben hatte und die sich während des gesamten Gespräches, trotz aller meiner Bemühungen sie zu lokkern, an der Handtasche auf ihrem Schoß festklammerte, so daß ihre Knöchel fast weiß waren. Ihre Antworten fielen dementsprechend einsilbig aus, mit zitternder Stimme vorgetragen, so daß ich nach einer knappen Stunde enerviert aufgegeben habe. Ich möchte kurz zusammenfassen, bevor ich auf konkrete Hilfestellungen zum Abbauen beziehungsweise Vermeiden von Ängsten eingehe:

- Die kommunikative Ausgangssituation eines Vorstellungsgespräches ist eindeutig positiv, wenn Rahmenbedingungen erfüllt sind wie: eine gute Atmosphäre; keine Unterbrechungen; ein Interviewer, der Zeit und den Willen hat zuzuhören
- Ihr Gesprächspartner ist durchaus nicht immer überlegen, sondern benötigt vielleicht Ihre konstruktive Unterstützung
- Sie sind sorgfältig und umfassend vorbereitet
- Sie kennen Ihre ganz persönlichen kritischen Stellen, Sie wissen, was bei Ihnen besondere Ängste auslöst, und Sie haben Lösungen dafür parat

Vielleicht ermöglicht Ihnen diese Auflistung bereits den entscheidenden Durchbruch gegen Ihre Unsicherheit. Doch möchte ich noch einige Punkte ergänzen, einerseits zur Vermeidung allgemeiner, die Nervosität verstärkender Probleme, andererseits um anhand individueller Beispiele von Ängsten Lösungsansätze zu bieten:

- Investieren Sie wirklich Zeit in Ihre Vorbereitung auf das Gespräch. Seien Sie also ausreichend informiert über das Unternehmen, und kennen Sie sich in Ihrem eigenen Werdegang aus, ohne ein Exemplar Ihrer Bewerbungsunterlagen vor sich hinzulegen und ohne sagen zu müssen: Das ist schon so lange her! Sollten Sie beim Lesen an dieser Stelle lachen, kann ich nur betonen, daß beide Beispiele unmittelbar aus dem Leben gegriffen und mir mehrfach begegnet sind, ebenso wie die nur leicht überzeichnete Formulierung: Ach, Sie produzieren Kraftfahrzeugteile, wie interessant. Erzählen Sie mehr darüber!
- Sie wissen, wo genau Sie erwartet werden und haben sich mit Verkehrsverbindungen, Fahrzeiten und so weiter vertraut gemacht. Ich brauche wohl kaum darauf hinzuweisen, daß Sie bei Benutzung des eigenen Autos nicht nur in Kilometern und der dafür benötigten Zeit rechnen müssen, sondern auch die Art der Strecke, die Tages- und Jahreszeit sowie die Staumöglichkeiten unbedingt einkalkulieren sollten. Auch Ausweichstrecken sind vorher zu ermitteln. Vielfach unterschätzt wird die Zeit, wenn nach einer Autobahnabfahrt noch 20 oder 30 Kilometer über Landstraßen zu fahren sind, die ganz andere Verkehrsbedingungen aufweisen. Haben Sie für all das genügend Pufferzeit eingeplant, ist natürlich die Kehrseite der Medaille, daß der eingeplante Stau just an dem einen Tag nicht auftritt und Sie deutlich zu früh dran sind. Machen Sie dann nicht den Fehler, das Firmengebäude bereits zu betreten. Sie laufen mit aller Wahrscheinlichkeit anderen Bewerbern über den Weg, oder, falls das nicht der Fall ist, setzen Sie denjenigen, der mit Ihnen sprechen soll und dem Sie avisiert

werden, mehr oder weniger unter Druck, Sie früher hereinzubitten, als sein Zeitplan vorsieht. So etwas hebt nicht gerade die Gesprächsatmosphäre, wird als unhöflich empfunden und schadet Ihnen letzlich. Läßt man Sie jedoch warten, weil es nicht möglich ist, den Termin vorzuziehen, erhöht das nur Ihre Nervosität. Also machen Sie lieber noch einen Spaziergang – das kann sich im Gespräch als positiv erweisen: Ist zum Beispiel für die Position ein Wohnortwechsel erforderlich und werden Sie im Vorstellungsgespräch auf Ihre diesbezügliche Bereitschaft angesprochen, können Sie ja sagen, Sie seien extra früher losgefahren, um sich schon einmal ein wenig die Gegend anzusehen. Mit Sicherheit ein Pluspunkt! Zum Thema Zeit beziehungsweise Vermeidung von Zeitdruck und damit von Nervosität gehört auch, die Möglichkeit einzubeziehen, daß Sie sich verfahren oder sich die Adresse suchen müssen. Insbesondere bei einem Konzern ist die Wegstrecke vom Eingangstor zum richtigen Gebäude und zum richtigen Zimmer nicht zu unterschätzen, etwas, das häufig vergessen wird.

- Wählen Sie keine Garderobe, die Ihnen unbequem ist und die Sie eigentlich nicht mögen. Näheres zur richtigen Kleiderordnung im nächsten Kapitel, hier betrachte ich nur den Aspekt Vermeiden von Nervosität. Auch das Gefühl, overdressed oder umgekehrt underdressed zu sein, kann Nervosität auslösen. Sich wegen falscher Garderobe in irgendeiner Weise deplaziert vorzukommen führt fast zwangsläufig zu Reaktionen des Unwohlseins.
- Vermeiden Sie Kleidung, die Schwitzflecken deutlich sichtbar macht; das gilt ganz besonders für Damen. Seide ist zwar ein wunderschönes Material, zeigt aber gegebenenfalls sofort, daß Sie nervös sind. Da den meisten Menschen bei Angst heiß wird, sollte die Kleidung vielleicht eine Nuance luftiger und leichter sein, als für die Jahreszeit üblich – Sie werden mit Sicherheit kaum frieren.
- Feuchte Hände bei der Begrüßung sind nicht nur unangenehm, sondern verraten auch eine Menge über Ihren psychischen Zustand. Abhilfe schafft ein Erfrischungstuch, das Sie unauffällig benutzen, kurz bevor Sie hineingebeten werden – meist holt Sie eine Sekretärin ab. Doch bitte keines von der Sorte, die eine ganze Flugzeugkabine in eine Parfümwolke hüllt.
- Gehen Sie sparsam mit Ihrem persönlichen Duftwasser um – das gilt übrigens heute im gleichem Maße für Männer: Wenn es nämlich Ihrem Gegenüber sichtbar den Atem verschlägt und in seinem Gesicht nur noch Fluchtgedanken zu lesen sind, wird das nicht gerade Ihre Selbstsicherheit fördern.
- Man wird Ihnen fast immer etwas zu trinken anbieten, meist Kaffee. Überlegen Sie gut, ob Sie ihn annehmen, denn vielfach führt Kaffee dazu, daß Ihnen noch wärmer wird. Zum einen hängt diese Entscheidung mit dem Grad Ihrer Nervosität zusammen, zum anderen damit, ob Sie den Kaffee zur „Aufrüstung" brauchen. Bevorzugen Sie gegebenenfalls ein kaltes Getränk: Händezittern fällt beim Hochnehmen einer Tasse sehr viel mehr auf als bei einem Glas, das man mit der ganzen Hand anfaßt.

Ich habe hiermit die wesentlichen Punkte zusammengetragen, die sozusagen unnötigerweise Nervosität auslösen oder fördern können und gegen die relativ leicht etwas getan werden kann. Schwieriger wird es da schon bei den entweder völlig irrationalen Ängsten, denen man sich in gewisser Weise hilflos ausgeliefert fühlt, oder den Angstauslösern, die etwas mit persönlichem Unvermögen und früherem Versagen zu tun haben. Da das Spektrum der Möglichkeiten hierbei sehr groß ist, kann ich nur einige Beispiele herausgreifen und Vorschläge machen, wie Sie die Situation in den Griff bekommen oder zumindest entschärfen können.

Wissen Sie zum Beispiel, daß Ihr Orientierungssinn deutlich unterentwickelt ist und Sie sich häufig verfahren – was Sie dann natürlich mit einem Termin im Nacken ziemlich in Panik geraten läßt –, sollten Sie auch bei größeren Entfernungen die Strecke vorher einmal abfahren und sich schriftlich eine Reiseroute mit den wesentlichen Punkten anfertigen, die dann neben Ihnen auf dem Beifahrersitz liegt. Oder Sie nehmen gleich öffentliche Verkehrsmittel, sollten dann aber eine möglicherweise erforderliche längere Taxifahrt nicht dem Unternehmen in Rechnung stellen.

Ein anderes Beispiel: Sie sind ganz besonders nervös, wenn Sie mehr als einen Gesprächspartner haben. Resultat ist in der Regel, daß Sie den Blickkontakt allenfalls zu einem der Gesprächspartner aufrechterhalten oder ihn gar ganz abbrechen. Das bedeutet praktisch immer Minuspunkte in der Bewertung und sollte von daher tunlichst vermieden werden. Hier hilft in der Regel nur diszipliniertes Üben in Ausgangssituationen, die nicht als so bedrohlich empfunden werden. Versuchen Sie, sich bewußt in solche Situationen hineinzubegeben, in denen Sie mehrere Leute im Auge behalten müssen, und melden Sie sich zu Wort. Dabei können Sie einiges an Sicherheit gewinnen.

Drittes Beispiel: Sie werden bei Wartezeiten unruhig. Sorgen Sie dafür, daß Sie das Unternehmen frühestens eine Viertelstunde vor Ihrem Termin betreten. Das ist ausreichend Zeit, um zu Ihrem Gesprächspartner zu gelangen, und Sie müssen nicht vor irgendwelchen geschlossenen Türen warten. Sind Sie aufgrund der bei der heutigen Verkehrssituation erforderlichen Pufferzeiten deutlich zu früh, sollten Sie je nach Naturell entweder einen Spaziergang machen, im Auto oder am Bahnhof warten oder sich in jedem Fall mit irgend etwas Interessanten befassen, das Konzentration erfordert und ablenkt. Natürlich können Sie –besonders bei schlechtem Wetter – auch im Eingangsbereich der Firma warten, doch sollten Sie ausdrücklich darum bitten, noch nicht gemeldet zu werden.

Bei unverhältnismäßig großen Prüfungsängsten hilft zum einen, sich die beschriebene positive Ausgangssituation bewußt zu machen oder die Vorwärtsstrategie zu wählen, bei der Sie zu Beginn des Gespräches einfach sagen, daß Sie nervös sind. In fast allen Fällen werden Sie auf viel Verständnis stoßen und Hilfestellung erhalten, so daß Ihre Ängste bald vergessen sein werden. Die Tatsache, es ausgesprochen zu haben, war hierzu der erste wichtige Schritt.

Abschließend will ich noch auf eine ganz simple Methode hinweisen: Legen Sie sich eine Prioritätenliste der Firmen an, bei denen Sie sich beworben haben. Fangen Sie mit dem Unternehmen an, dessen Absage Ihnen am wenigsten ausmachen würde, und versuchen Sie, dort den ersten Vorstellungstermin zu erhalten. Zur Not müssen Sie den Gesprächstermin bei einer Firma, für die Sie gerne arbeiten würden, nach hinten verschieben. Sie werden in ein für Sie weniger wichtiges Gespräch, in dem es ja eigentlich um nichts Wesentliches, allenfalls um die Befriedigung Ihrer Neugier geht, mit einer ganz anderen Sicherheit gehen. Und es wäre nicht das erste Mal, daß Sie ausgerechnet nach einem solchen Termin ein attraktives Vertragsangebot erhalten, weil Sie so souverän waren.

Checkliste

- Analysieren Sie, was bei Ihnen die meiste Angst auslöst.
- Machen Sie sich bewußt, daß es im Interesse Ihres Gesprächspartners ist, die richtigen Rahmenbedingungen für Ihre Selbstdarstellung bereitzustellen.
- Versuchen Sie, sich in die Situation Ihres Interviewers zu versetzen.
- Vermeiden Sie Wartezeiten, die Sie unnötig nervös machen.
- Geben Sie einfach zu, daß Sie nervös sind.

Die richtige Kleiderordnung

Dieses Problem ist im wahrsten Sinne des Wortes ein Kapitel für sich. Konkrete Aussagen in diesem Bereich haben etwas mit den allseits bekannten Fragen an Radio Eriwan zu tun. Die Antworten lauten meistens: Im Prinzip ja, aber …

Also, um es kurz zu machen: Die immer richtige Kleiderordnung gibt es mit Sicherheit nicht. Die Lösung dieses für die meisten Bewerber tatsächlich schwierigen Problems liegt irgendwo zwischen den Erfordernissen einer bestimmten Branche, einer Berufsgruppe, eines konkreten Unternehmens oder des angestrebten Einsatzgebietes und dem, was zu der jeweiligen Persönlichkeit paßt. Das heißt, daß Sie weder wie ein Kleiderständer wirken noch wie ein Jogger aussehen sollten, der gerade mal eben vorbeigekommen ist.

Doch gehen wir systematisch an die einzelnen Einflußfaktoren heran. Da ist zum einen die Branche. Hier gibt es zwei Extreme: einerseits beispielsweise eine Bank, andererseits etwa eine Werbeagentur. Beide Branchen leben von einem ganz bestimmten, bei den meisten tief verankerten Image. Menschen, die auf das Geld anderer aufpassen, müssen sozusagen schon äußerlich seriös wirken. Entsprechend streng sind die Kleidersitten, ganz besonders ab einer bestimmten Führungsebene. Hinzu kommt, daß die Mehrzahl der Bankmitarbeiter Kundenkontakt hat und daher Repräsentationspflichten wahrnimmt. Für Sie als Bewerber heißt das, eine Kleidung zu wählen, die genau diese Erwartungshaltung widerspiegelt – also konkret: dezentes Kostüm oder ebensolcher Anzug. Das Image einer Werbe-

agentur ist ein gänzlich anderes. Hier sollen Kreativität, unkonventionelles Denken und das Erkennen von Trends deutlich gemacht werden. Wenn die von Ihnen gewählte Garderobe dieses Trendbewußtsein zum Beispiel durch die Wahl bestimmter Modefarben erkennen läßt, um so besser.
Um Ihnen jedoch gleichzeitig die Relativität dieser generell sicherlich richtigen Aussagen klarzumachen, will ich für beide Branchen auch gleich Gegenbeispiele anführen, nicht, um zu verunsichern, sondern um Sie auf die Komplexität der Einflußfaktoren hinzuweisen. Wie Sie wissen, haben nahezu alle Banken die Jungendlichen entdeckt, die Kunden von morgen, bieten dieser Zielgruppe ganze Programme an und bedienen sie in eigens dafür eingerichteten Räumen. Die Berater lassen sich mit Du anreden, sind über die neuesten Popgruppen informiert und kennen die Probleme von Jugendlichen vor, während und nach der Pubertät. Geht es um eine solche Position und Sie erscheinen im Nadelstreifenanzug zum Gespräch, würde dies wahrscheinlich das Aus bedeuten. Vergleichbares gilt für das Beispiel Werbeagentur: Bewerben Sie sich bei einer Firma die als Nobeladresse gilt und nur entsprechende Kunden zu betreuen hat, um eine Position mit Kundenkontakt, dürfen Sie nicht gerade einem Modejournal für die „jungen Wilden" entstiegen sein.
Daneben gibt es zahlreiche Branchen, die keine besonderen Spielregeln aufweisen. Allerdings sei noch zu zweien Konkreteres gesagt. In Softwarehäusern gibt es, so merkwürdig das klingen mag, häufig sehr rigide Vorstellungen von salopper Kleidung, die kreative Kopfarbeiter kennzeichnen soll. Das gilt sicher nicht nur für Vorstellungsgespräche, sondern auch für die zukünftige Arbeit. Die andere Branche ist der Maschinen- und Anlagebau: In Bereichen, insbesondere bei Firmen mittlerer Größenordnung, in denen zupackende und recht hemdsärmelige Techniker das Sagen haben, würden Sie bei zu feiner Kleidung künstliche Distanzen schaffen und in den Verdacht geraten, daß Sie womöglich primär delegieren und sich selbst die Hände nicht so gerne schmutzig machen.
Am rigidesten sind vermutlich die Kleiderspielregeln in bestimmten Dienstleistungsberufsgruppen wie bei Anwälten, Wirtschaftsprüfern und Unternehmensberatern. In diesen Branchen hat man manchmal das Gefühl, daß einem Kompetenzen abgesprochen werden, wenn man nicht die richtige, erkennbar teure Garderobe trägt. Will man hier nicht mitspielen, hilft nur, solche Firmen zu meiden oder sich rechtzeitig auf die Einhaltung einer solchen Kleiderordnung einzustellen.
Diese Ausführungen liefern sicherlich bereits wesentliche Anhaltspunkte für die Besonderheiten einiger Branchen. Beeinflußt wird das Ganze meist auch noch durch die regionale Lage einer Firma. Werden Sie in die tiefste Provinz eingeladen, ist man in der Einschätzung Ihrer Kleidung sicherlich großzügiger, als wenn sich das betreffende Unternehmen in bester Innenstadtlage befindet. Herren können im allgemeinen mit einer Kombination oder einem nicht zu eleganten Anzug, die Damen mit Rock, Bluse und Blazer oder mit einem Kostüm selten etwas verkehrt machen. Aber Vorsicht: Es gibt immer noch Vorgesetzte, insbesondere in eher mittelständischen, alteingesessenen Familienunternehmen, die bei Damen das Tragen von Hosen ebensowenig

schätzen wie die heute übliche Minimode. Selbst wenn Sie ein ausgesprochen attraktives weibliches Wesen sind, sollten Sie auf zu kurze Röcke und zu enge Kleider verzichten: Wenn Sie Pech haben, sitzen Sie beim Vorstellungsgespräch in einem tiefen Sessel und sind die ganze Zeit mit Zupfen und Ziehen beschäftigt, um zumindest die deutlichsten Einblicke zu verhindern – ich unterstelle dabei, daß Sie auf dergleichen Techniken bei der Jobsuche nicht angewiesen sind.

Schließlich spielt noch die Position, um die es geht eine Rolle. Sowohl die Hierarchieebene, wie das Ausmaß von Kundenkontakten und Repräsentationspflichten sind entscheidend. Verhandeln Sie dagegen über einen reinen Innendienstposten, sind Abstriche in Richtung salopper Kleidung eher erlaubt. Für Sie in der Regel vorab nicht zu kalkulieren, aber trotzdem nicht zu vernachlässigen, sind die Einflüsse, denen Sie von seiten des Interviewers unterliegen, zum Beispiel Geschlecht, Alter und persönliche Einstellung zu Modefragen. Haben Sie hier beim ersten Kennenlernen, was die Kleidung betrifft, offensichtlich daneben gelegen, sollten Sie dies bei einem möglichen zweiten Gespräch korrigieren.

Ja, und nun zu Ihnen! Neben den genannten und sicherlich – wenn auch mit unterschiedlicher Gewichtung – beachtenswerten Aspekten muß die Kleidung vor allem zu Ihnen passen und darf Ihre Persönlichkeit nicht verfälschen; damit würden Sie sich langfristig keinen Gefallen tun. Es gibt Damen, die sehen in einem Schneiderkostüm einfach schrecklich hölzern aus und benehmen sich dann auch so. Unter diesen Umständen sollten Sie lieber einen vernünftigen Kompromiß suchen, um sich voll entfalten zu können. Wenn Sie mit der Wahl Ihrer Kleidung nicht gerade offensichtlich eine heilige Kuh oder das ästhetische Feingefühl Ihres Gegenübers verletzt haben, zählen Ihre Persönlichkeit und Ihre Ausstrahlung glücklicherweise immer noch mehr. Und sollte tatsächlich eine Bewerbung an Ihrer Kleidung scheitern, dann sollten Sie bei nüchterner Betrachtung zu dem Ergebnis kommen, daß es gut so war. Eine solche Verbindung wäre langfristig kaum gut gegangen.

Checkliste

- Wählen Sie Ihre Kleidung nach der Erwartungshaltung des Unternehmens und der Hierarchieebene der Position.
  Banken: dezentes Kostüm beziehungsweise Anzug
  Werbeagenturen: „Trendgarderobe“
  Softwarehäuser: saloppe Kleidung
  Maschinen- und Anlagenbau: nicht zu fein
  Anwälte, Wirtschaftsprüfer, Unternehmensberater: korrekte, teure Kleidung
  Achtung, Ausnahmen bestätigen die Regel!
- Für Damen ist Vorsicht bei Hosen und Minimode geboten.
- Die Kleidung muß zu Ihnen passen, Sie sollen sich darin wohlfühlen.

Die Reise- und Bewerbungskosten

Dieses Thema ist vergleichsweise leicht abzuhandeln. Es gibt zwar keine gesetzliche Regelung für die Erstattung von Reisekosten bei Bewerbungen, doch ist die dazu bisher erfolgte Rechtsprechung als sehr einheitlich zu bezeichnen. Leitlinie ist dabei § 670 des Bürgerlichen Gesetzbuches. Lädt ein Unternehmen beziehungsweise eine Person im Auftrage des Unternehmens einen Bewerber zu einem Vorstellungsgespräch ein, so hat es die dadurch entstehenden Aufwendungen zu erstatten. Damit ist jedoch in der Regel nicht gemeint, daß die Anreise mit beliebigen Verkehrsmitteln erfolgen könnte. Nur in den wenigsten Fällen – etwa bei Bewerbungen für vergleichsweise wichtige Positionen – erstatten Firmen Flugkosten. Zu berücksichtigen ist selbstverständlich, daß in Anbetracht der Uhrzeit, zu der die Einladung erfolgt ist, eine Anreise mit Auto oder Bahn überhaupt möglich und zumutbar sein muß. Andernfalls sind entweder eine Übernachtung (bei Anreise am Vorabend) oder das Flugticket zu bezahlen. Beispiel: Wenn Sie in Hannover wohnen und um zehn Uhr ein Vorstellungsgespräch in München haben, ist entweder nur ein Flug möglich, oder Sie übernachten auf Firmenkosten in oder nahe bei München und fahren morgens mit dem Taxi oder der Bahn zu der Firma. Ob Sie erster oder zweiter Klasse reisen dürfen, orientiert sich normalerweise an der Bedeutung der zu besetzenden Position. In den meisten Fällen – dies gilt insbesondere für Großunternehmen – sind die konkreten Einzelheiten dem Einladungsschreiben zu entnehmen, das Sie daraufhin sehr sorgfältig durchlesen sollten. Gehen solche Details nicht daraus hervor, können Sie ohne weiteres in der Personalabteilung anrufen und um konkretere Angaben bitten. Dabei ist dann auch gegebenenfalls die Frage zu klären, ob Sie nicht sinnvollerweise am Vorabend anreisen sollten. Ein Bewerber, der um vier oder fünf Uhr aufgestanden ist, um pünktlich sein zu können, und dann noch aus verständlichen Gründen zumindest etwas nervös ist, ist für ein dem gegenseitigen Kennenlernen dienenden Gespräch kaum in optimaler Verfassung. Bei den Reisekosten sind die wenigsten Unternehmen knauserig. Ärgerlich wird es eigentlich nur immer dann – ich spreche hier aus eigener Erfahrung –, wenn die später eingereichte Abrechnung zeigt, daß sozusagen das letzte herausgeholt werden soll, also das im Zug getrunkene Mineralwasser oder der Kaffee möglichst noch zusammen mit einem Tagegeld in Rechnung gestellt wird. Abgesehen vom fehlenden Anspruch auf Erstattung solcher Ausgaben ist dies einfach schlechter Stil. Auch können solche Abrechnungen sehr verräterisch sein, zum Beispiel dann, wenn Sie zeigen, daß jemand um zehn Uhr morgens bereits zwei Bier und zwei Korn oder einen Whisky bestellt hat. Der positive erste Eindruck dürfte sich damit deutlich relativieren; oder es bleiben zumindest gewisse Fragezeichen zurück, die später bei den kleinsten Anlässen wieder an die Oberfläche kommen können.

Das gilt auch für die an Selbstbewußtsein kaum zu übertreffenden jungen, dynamischen Hochschulabsolventen, die ein Unternehmen gar als Bittsteller erscheinen lassen, bei dem Sie netterweise vorbeigeschaut haben, und entsprechende Reisekostenabrechnungen

einreichen. Mir sind einige dieser Zukunftstalente bekannt, die sich nicht selten damit brüsten, wie vergnüglich und informativ ihre Bewerbungstour gewesen sei.
Eine gewisse anfängliche Bescheidenheit und vor allem eine korrekte Abrechnung mit Zusendung der Originalbelege zahlen sich in jedem Falle langfristig aus. Damit meine ich, daß ein negativer Nachgeschmack zurückbleibt, auch wenn der Arbeitgeber kommentarlos zahlt. Andererseits sollten Sie aber von einer Einladung beziehungsweise dem Besuch einer Firma Abstand nehmen, wenn diese Ihnen schriftlich oder mündlich erklärt, die Reisekosten nicht übernehmen zu können. Das wiederum ist schlechter Stil auf Unternehmensseite und bietet Anlaß für eine Reihe negativer Vermutungen, die Sie nicht unbedingt überprüfen sollten. Die Ablehnung könnte allerdings auch darauf zurückzuführen sein, daß das Unternehmen für Sie sozusagen um die Ecke liegt.
Kommen wir nun zu den Modalitäten der Auslagenerstattung – und nur darum handelt es sich. Seien Sie nicht erstaunt, wenn Ihnen, noch bevor Sie Ihre Gesprächspartner gesehen haben, Abrechnungsformulare in die Hand gedrückt werden oder man Ihnen, nach Vorlage der Belege, eine Barerstattung zukommen läßt. Vielfach soll auf diese Art der bürokratische Teil vorab erledigt werden, um dies nicht Thema im Vorstellungsgespräch werden zu lassen. Manche Bewerber fragen nämlich bei ungeklärten Verhältnissen danach. Auch wird die Barzahlung von Firmen vielfach mit einer Reduzierung des ansonsten erforderlichen Verwaltungsaufwandes begründet. Obwohl ich nicht über diesbezügliche Statistiken verfüge, möchte ich behaupten, daß nach wie vor der größte Teil der Reisekostenerstattungen bargeldlos durch Überweisung erfolgt. Dies gilt insbesondere für größere Beträge. Ob Sie dazu vorab Formulare noch in der Firma oder zu Hause ausfüllen und mit den Originalbelegen einsenden müssen oder ob ein formloses Schreiben mit angehefteten Belegen ausreicht, hängt vielfach von der Größe des Unternehmens ab. Die großen arbeiten häufiger mit Vordrucken, die kleineren akzeptieren eher letzteres.
Ist ein Personalberater in den Bewerbungsprozeß eingeschaltet und stellt er Sie dem Unternehmen vor, ist in den meisten Fällen er der Ansprechpartner für Ihre Abrechnung, weil er diese Auslagen dann später zusammen mit dem Honorar seinem Auftraggeber, also dem Unternehmen, bei dem Sie sich vorgestellt haben, in Rechnung stellt.
Alles, was ich bis jetzt erläutert habe, kann als recht eindeutig bezeichnet werden. Schwieriger wird das Thema, wenn die Initiative von Ihnen ausging. Damit meine ich weniger die sogenannte unaufgeforderte schriftliche Bewerbung, die mit etwas Glück in eine offizielle Einladung mündet – dann gelten die bereits beschriebenen Spielregeln. Ich meine vielmehr die Bewerbung vergleichsweise aggressiver Verkäufer in eigener Sache, die ein Gespräch sehr geschickt herbeiführen, zum Beispiel durch Anrufe mit dem Tenor, man sei zufällig in der Nähe und habe gehört, daß die Firma auf der Suche nach einer Fachkraft sei, so würde sich ein persönliches Gespräch doch unmittelbar anbieten. Personalverantwortliche, die etwa gerade vom Leiter einer Fachabteilung im Hause einen Rüffel bekommen haben, weil sie anscheinend un-

fähig seien, geeignete Kandidaten zu präsentieren, lassen sich nicht selten auf so etwas ein. Ich will in keiner Weise bestreiten, daß es auch einmal ein positives Zusammentreffen verschiedener Zufallsfaktoren geben könnte und Sie mit Ihrem Anruf zum richtigen Zeitpunkt die richtige Qualifikation und Erfahrung bieten – Sie werden dann sicherlich mit offenen Armen aufgenommen. Im ersten Fall halte ich eine Reisekostenerstattung nur dann für angemessen, wenn es tatsächlich zu einer Einstellung kommt, für die sicher noch ein weiteres Gespräch stattgefunden hat. Sie können dabei dann erfragen, ob es möglich ist, die Auslagen anläßlich des ersten Gespräches ebenfalls erstattet zu bekommen. Ohne vorherige Rückfrage würde ich sie aber keinesfalls geltend machen. Im zweiten Fall sind die Rahmenbedingungen günstiger für Sie, weil die Erstattungsbereitschaft der Firma mit Sicherheit größer ist.

Diese beiden Beispiele dürften deutlich gemacht haben, worauf es mir ankommt. Lassen Sie sich insbesondere bei Ausnahmefällen ein wenig von Ihrem persönlichen Taktgefühl leiten, und verzichten Sie im Zweifelsfall eher. Vielleicht haben Sie dann sogar das Erfolgserlebnis, daß das Unternehmen Ihnen von sich aus die Zahlung anbietet.

Ein letzter Punkt ist die Anmahnung der Erstattung. Führen Sie sich vor Augen, daß auch bei zügiger Bearbeitung, insbesondere bei Großunternehmen, die Überweisung einige Zeit dauern kann. Derjenige, der mit Ihnen gesprochen hat, muß die Richtigkeit Ihrer Abrechnung bestätigen, und das Ganze geht dann an die Buchhaltung. Bitte schreiben Sie nicht gleich am fünften Tag nach Absenden Ihrer Abrechnung einen bitterbösen Mahnbrief. Ich habe übrigens die in dieser Hinsicht unangenehmsten Schreiben meist wegen der kleinsten Beträge erhalten. Wenn Sie nach zwei bis drei Wochen Ihr Geld immer noch nicht haben, sollten Sie – das ist meine Empfehlung – zunächst jemanden in der Buchhaltung des betreffenden Unternehmens aufspüren, der für diese Dinge zuständig ist. Das hat zwei Vorteile: Zum einen können Sie so aus erster Hand die Auskunft erhalten, ob die Überweisung bereits erfolgt ist oder die Belege zumindest auf dem Schreibtisch dessen gelandet sind, der das zu erledigen hat. Zweitens verärgern Sie mit der Anfrage Ihren Gesprächspartner nicht, der, wenn er die Unterlagen ordnungsgemäß weitergeleitet hat, selbst gar nichts weiter dazu sagen kann und selbst erst nachfragen muß. Handelt es sich um größere Beträge, zum Beispiel für Flugtickets, können Sie sicherlich auch besser und nachdrücklicher argumentieren, als wenn es um DM 64,75 geht, von deren Erstattung kaum Ihr Lebensunterhalt abhängig sein dürfte. Übrigens, sollten Sie mit Billigung oder sogar auf Wunsch des Unternehmens übernachten müssen, können Sie auch durchaus das Hotel bitten, seine Rechnung unmittelbar ans Unternehmen zu schicken, um Ihre Vorleistungen nicht zu hoch werden zu lassen. Das ist in den meisten Fällen kein Problem, wenn die Firmen die Zimmerreservierung selbst vorgenommen und vielfach auch Sonderkonditionen mit bestimmten Hotels ausgehandelt haben.

Ich meine zwar, dieses Thema umfassend abgehandelt zu haben, doch sollten Sie in Zweifelsfällen Unsicherheiten lieber vorher durch einen Anruf in der Firma klären, statt Unannehmlichkeiten zu riskieren. Es wäre nicht das erste Mal, daß eine Einstellung, die auf einem zunächst sehr positiven Gesamteindruck basierte, letztendlich an solch ärgerlichen Kleinigkeiten gescheitert ist. Sie müssen sich dabei immer vor Augen führen, daß der positive Ersteindruck ein sehr labiles Gebilde ist, da jedem der von Unternehmensseite Beteiligten klar ist, daß es sich bei seiner Einschätzung zunächst nur um Vermutungen und keinesfalls um Wissen handelt. Kommen also Informationen hinzu, die handfest negativ sind, kann das gesamte Gebäude aus Annahmen leicht einstürzen, weil nunmehr Fakten vorliegen. Ein solches negatives Ergebnis dürfte den ausstehenden Betrag nicht Wert sein.

Checkliste

- Sind Sie zu einem Vorstellungsgespräch eingeladen, müssen die Ihnen entstehenden Kosten erstattet werden.
- Lesen Sie das Einladungsschreiben auf Einzelheiten dazu durch.
- Es wäre ein schlechter Stil, bei der Abrechnung alles herausholen zu wollen. Beschränken Sie sich deshalb auf die reinen Reisekosten und auf gegebenenfalls ausgelegte Übernachtungskosten.
- Korrekte Abrechnung und Zurückhaltung bei der Erstattung geringfügiger Kosten zahlen sich langfristig aus.
- Verzichten Sie auf ein Vorstellungsgespräch bei einer Firma, die nicht bereit ist, Ihre Reisekosten zu übernehmen.
- Von großen Unternehmen erhalten Sie oft Abrechnungsformulare, die Sie zusammen mit den Belegen einreichen müssen. Sonst genügt ein formloses Schreiben, dem Sie die Quittungen beilegen.
- Ist ein Personalberater eingeschaltet, nimmt er meistens auch die Abrechnung der Reisekosten vor.
- Beruht die Einladung auf relativ starken Bemühungen Ihrerseits, lassen Sie sich bei der Abrechnung von Ihrem Taktgefühl leiten, und verzichten Sie eher.
- Hotelrechnungen können Sie auch direkt an das Unternehmen schicken lassen, damit Ihre Vorleistungen nicht zu hoch werden.
- Klären Sie Unsicherheiten lieber durch einen Anruf, bevor es Unstimmigkeiten gibt.

Die Gesprächssituation beim ersten Kennenlernen

Die meisten Bewerber erleben die Vorstellungssituation als äußerst ungleichgewichtig: sich selbst als eine Art Bittsteller und die Gegenseite im wahrsten Sinne des Wortes als Gegner, der zudem noch zahlen- oder machtmäßig überlegen ist. Daraus werden zum Teil unverhältnismäßig große Ängste abgeleitet, die das Selbstbewußtsein nur noch stärker beeinträchtigen und so das persönlich erlebte beziehungsweise subjektiv wahrgenommene Unterlegenheitsgefühl bestätigen und verstärken. Das alles führt nicht selten zu nahezu kindlichen Reaktionsmustern, wie unterwürfige Haltung, akutem Trotzverhalten und daraus resultierenden aggressiven Äußerungen oder schnippischen Bemerkungen.

Selbstverständlich gibt es Unternehmensvertreter, die die Macht, die Ihnen ein Vorstellungsgespräch bietet, hemmungslos ausnutzen und Sätze von sich geben, die jeden Bewerber veranlassen sollten, aufzustehen und die Firma zu verlassen. In vielen Fällen ist es so, daß dieses Benehmen eines einzelnen überhaupt nicht repräsentativ für das Unternehmen ist und einen solchen Interviewer eine ganze Menge Unannehmlichkeiten erwarten, falls seine Vorgesetzten davon erfahren. Ja, im Extremfall wäre es sogar geboten, durch ein nachträgliches Schreiben an die Geschäftsleitung (sofern es sich nicht um den Geschäftsführer selbst handelt) dem schwarzen Schaf ein für allemal das Handwerk zu legen. Besonders unangenehme Dinge erleben Frauen. Anläßlich eines Bewerberseminars für Examenskandidaten an einer Universität wurden mir von Noch-Studentinnen Situationen und Vorfälle geschildert, die man wirklich nicht auf sich beruhen lassen sollte. Doch glauben Sie mir, das ist keineswegs der Normalfall. Passiert es gerade Ihnen dennoch, kann ich Sie nur auffordern, sich zu wehren. Wie Sie den einzelnen Interviewertypen begegnen können, darauf werde ich im Kapitel „Eine kleine Typologie der Interviewer" näher eingehen.

Der Normalfall sieht heutzutage – schon allein wegen der Enge des Arbeitsmarktes für Fach-und Führungskräfte sowie für qualifizierten Nachwuchs – genau umgekehrt aus. Unternehmen haben sich noch nie so viel einfallen lassen müssen, um an Mitarbeiter zu kommen, und nicht selten kann ein guter Student bereits vor dem Examen zwischen mehreren attraktiven Angeboten wählen. Darüber hinaus ist es keineswegs so, daß Sie immer auf den versierten, souveränen und sich seiner Machtposition bewußten Interviewer treffen. Viele Fach- und Führungskräfte, die Bereichen vorstehen, in denen es nicht so sehr auf Kommunikation mit Außenstehenden ankommt, wie etwa Ingenieure in der Fertigung oder Naturwissenschaftler, tun sich mit der Situation Vorstellungsgespräch sehr schwer. Sie haben nicht selten ihrerseits deutliche Hemmungen und Ängste. Ich weiß dies – wie ich bereits erwähnte – aus Firmenseminaren,

in denen sich solche Führungskräfte mit den Anforderungen professioneller Personalauswahl vertraut gemacht haben. Der Themenbereich, der dort regelmäßig am stärksten nachgefragt wurde und auf die größte Aufmerksamkeit stieß, waren die Gesprächstechniken. Insofern kann es – je nach persönlichem und beruflichem Hintergrund des Bewerbers – sehr gut möglich sein, daß er der Überlegene im Vorstellungsgespräch ist.
Für jede Kommunikations- und Verhandlungssituation – um eine solche handelt es sich bei einem Interview – gilt jedoch, daß es in hohem Maße hilfreich ist, sich die Zielsetzung der beiden beteiligten Seiten einmal deutlich vor Augen zu führen. Das wollen wir im folgenden Kapitel mit Schwerpunkt Arbeitgeberseite tun, da die Motive und Zielsetzungen der Arbeitnehmerseite, also der Bewerber, zu komplex sind, als daß sie so ohne weiteres darstellbar wären – um so wichtiger, daß Sie die Ihren gut kennen. Ein unnötiger Hinweis? Aus Erfahrung kann ich nur sagen: keineswegs. Aus genau diesem Grund habe ich so vieles zur systematischen Gesprächsvorbereitung gesagt.

Die Zielsetzung eines Vorstellungsgespräches aus der Sicht des Arbeitgebers

Wie überall im Leben können die Motive für eine Einladung zum Vorstellungsgespräch und die damit verbundenen Zielsetzungen vielfältig sein. Eine gewisse Systematisierung dürfte jedoch erlaubt sein:

- Eine unerwartete Vakanz ist schnellstmöglich wieder zu besetzen, weil das Unternehmen sonst im schlimmsten Fall einen Schaden erleidet, das Ergebnis einer Abteilung beeinträchtigt wird oder weil ganz bestimmtes Know-how nicht mehr oder nicht in ausreichendem Maß zur Verfügung steht.
- Ein vorübergehend oder auf Dauer entstandener höherer Arbeitsanfall kann mit der vorhandenen Mitarbeiterkapazität nicht mehr bewältigt werden.
- Für einen neugeschaffenen Aufgabenbereich muß qualifiziertes Personal mit ganz bestimmtem Fachwissen eingestellt werden.
- Eine Vakanz zeichnet sich ab, das heißt jemand verläßt das Unternehmen, zum Beispiel wegen Pensionierung, und es steht niemand zum Nachrücken bereit – sei es, weil nicht rechtzeitig hausinterne Personalentwicklung betrieben wurde, sei es, daß der bisher aufgebaute Kronprinz doch abgesprungen oder das erwartete Potential nicht vorhanden ist. Manchmal gehört es auch zur offiziellen Geschäftsphilosophie, bestimmte Positionen von außen zu besetzen.
- Man will einen Pool von Nachwuchskräften anlegen, um bei Vakanzen flexibler reagieren zu können.

Bei diesen verschiedenen Ausgangssituationen ist unschwer zu erkennen, daß die Informationen, die den potentiellen Arbeitgeber vorrangig interessieren, jeweils andere sind. So wird auch die Kompromißbereitschaft in jeweils anderen Bereichen liegen, falls die Deckungsgleicheit zwischen Kandidat, Position und Aufgabenbereich nicht hundertprozentig ist, was sowieso selten vorkommt. Daraus ergeben sich eine ganze Reihe von Hinweisen für Ihre Selbstdarstellung und deren Schwerpunkte. Zur Verdeutlichung ein konkretes Beispiel: Unterstellen wir den Fall, ein Unternehmen will zukünftig seine Produkte (Maschinen) mit einer elektronischen Steuerung versehen, hat aber bisher noch keine technischen Spezialisten, die diese bauen und programmieren können. Folglich dürfen auf dem Gebiet der Fachkenntnisse überhaupt keine Kompromisse gemacht werden, da sonst die anstehenden Aufgaben nicht gelöst werden können. Das gilt auch für die persönlichen Fähigkeiten, die für den Aufbau einer Abteilung erforderlich sind, wie Organisationstalent, systematisches Arbeiten und nicht zuletzt die Fähigkeit, Wissen an andere weiterzugeben. Ist ein geeigneter Kandidat gefunden, wird man ihm einiges andere nachsehen wie auffällige Kleidung, leicht überzogenes Selbstvertrauen oder ein Alter, das nicht unbedingt den Wünschen entspricht.

Geht es dagegen um eine Nachfolge, steht weniger das bereits vorhandene, nachweisbare Fachwissen im Vordergrund, sondern das Potential, das jemand erkennen läßt. Die Fragen werden hier sehr viel stärker auf die Überprüfung abstrakten Denkens zielen und um Interessen und Neigungen kreisen. Alles, was in einer akzeptablen Zeit als lern- und vermittelbar erscheint, wird als Lücke verziehen, solange es Ihnen gelingt, glaubhaft zu machen, daß Sie sich Ihrer Defizite bewußt sind oder in dem Gespräch zur Kenntnis genommen haben und nun aktiv daran arbeiten werden, diese zu schließen.

Es sollte also zu Ihren vorrangigen Zielen gehören herauszufinden, wie die Sie betreffende Ausgangssituation in dem Unternehmen aussieht. Das kann unter Umständen schon in der Vorbereitungszeit durch einen Anruf in Erfahrung gebracht werden – siehe das Kapitel „Der Erstkontakt per Telefon: Chancen und Risiken" – oder auch Gegenstand einer freundlichen Frage Ihrerseits ziemlich zu Anfang des Gespräches sein: Sprechen wir hier über eine neu geschaffene oder wieder zu besetzende Position? Die Kenntnis der Ausgangssituation gibt Ihnen wesentliche Hinweise darauf, welche Ihrer fachlichen und persönlichen Qualitäten Sie in den Vordergrund stellen müssen. Auch können Sie so besser einschätzen, was Ihren Gesprächspartner ganz bestimmt interessieren wird. Schließlich vermindern Sie dadurch das Risiko, jemanden unbewußt zu langweilen, so daß er Ihnen dann an den entscheidenden Stellen längst nicht mehr zuhört.

Des weiteren können Sie bei einem Vorstellungsgespräch grundsätzlich unterstellen, daß Ihr Gegenüber versuchen wird, Sie so rasch und so gut wie möglich kennenzulernen. Gefordert ist also grundsätzlich Offenheit auf beiden Seiten, ein Prozeß, den Sie konstruktiv unterstützen sollten. Manche Bewerber machen es einem trotz aller guten Absichten außerordentlich schwer, offen zu sein, weil sie jede Ihre Persönlichkeit betreffende Frage als vermeintlichen Einbruch in ihre Intimsphäre bewerten und entsprechend abweisend reagieren. Geschieht dies mehrfach, ist die Atmosphäre schließlich so gespannt, daß man das Gespräch eigentlich abbrechen sollte, was manchmal durchaus geschieht. Es lohnt sich jedenfalls in aller Regel, zunächst einmal positive Absichten zu unterstellen, weil Arbeitgeber sich in der heutigen Zeit fast immer der Bedeutung des Faktors Mensch in einem Unternehmen bewußt sind und Sie sich keineswegs in der Rolle des Bittstellers befinden.

Checkliste

- Versuchen Sie herauszufinden, aus welchen Gründen eine Position besetzt werden soll.
- Je nach den in diesem Kapitel genannten Gründen für die Besetzung einer Position ist Ihr Gesprächspartner an unterschiedlichen Informationen interessiert und auf unterschiedlichen Gebieten kompromißbereit.
- Richten Sie daran aus, welche fachlichen und persönlichen Qualitäten Sie in den Vordergrund rücken.
- Langweilen Sie Ihren Gesprächspartner nicht mit Erläuterungen, die ihn nicht interessieren.
- Unterstützen Sie das gegenseitige Kennenlernen durch möglichst große Offenheit.

Was Ihr wollt: Rollenspiel oder Schauspielerei?

Aus dem letzten Kapitel könnten Sie natürlich den Schluß ziehen, daß Sie nur die richtige Rolle im richtigen Kostüm spielen müssen, um Ihr Ziel zu erreichen und den Job zu bekommen. Ich will keineswegs verhehlen, daß es Talente unter den Bewerbern gibt, die sogar Profis im Personalgeschäft zu täuschen vermögen. Nur frage ich mich – auch ich bin von Irrtümern dieser Art nicht verschont geblieben –, ob sich ein solcher Sieg langfristig auszahlt. Auch in dieser Hinsicht gibt es wie überall Ausnahmen: die Top-Etagen der Wirtschaft. Ich erinnere mich in diesem Zusammenhang an einen Artikel der Zeitschrift Capital, in dem für ein Jahr zusammengetragen war, welche langfristig eingestellten Manager, die kurz nach Arbeitsantritt wegen zu unterschiedlicher Auffassung über die Geschäftspolitik oder ähnlichem einem Aufhebungsvertrag zugestimmt hatten, die dicksten Abfindungen einsteckten. Dabei können, einige Geschicklichkeit bei den Vertragsverhandlungen vorausgesetzt, Summen erzielt werden, die einem normalen Arbeitnehmer das Wasser in die Augen treiben. Ich unterstelle einmal, daß Sie als Leser dieses Buches nicht den Ehrgeiz verspüren, solche Aufhebungsverträge anzustreben – deshalb zurück zur Ausgangssituation.

Ich behaupte, daß die wenigsten Bewerber – abgesehen von den beschriebenen seltenen Talenten – es schaffen, eine bestimmte Rolle über einen längeren Zeitraum konsequent durchzuhalten. Da sie vorab nicht wissen können, was im einzelnen gefragt wird, müssen solche „Schauspieler" mit einem ganzen Repertoire passender Antworten jonglieren und sich diese auch noch im einzelnen merken können, um letztendlich wirklich überzeugend zu sein. Und dann gilt es auch noch, im nächsten Gespräch dieselbe Rolle zu spielen und aufrecht zu erhalten – gegebenenfalls einem kritischeren Frager gegenüber. Ferner, um Ihnen die Erfordernisse eines solchen Rollenspiels vollständig vor Augen zu führen, muß man auch noch auseinanderhalten, in welcher Firma welche Rolle gespielt wurde. Ich finde, man sollte Ehrgeiz und seine Fähigkeiten in sinnvollere Anstrengungen investieren.

Sicher werden Sie jetzt einwenden, daß jeder sowieso fast immer eine Rolle spielt, und in einer solchen Ausnahmesituation erst recht. Da ist sicherlich einiges dran, aber ich plädiere für einen vernünftigen Mittelweg: Selbstverständlich dürfen Sie, ja sollen Sie sogar, bei einer Bewerbung Ihre Schokoladenseite präsentieren. Damit meine ich, daß Sie vorhandenes Wissen, nachweisliche Erfahrungen und besonders gute Eigenschaften in den Vordergrund stellen. Niemand erwartet von Ihnen, daß Sie sich in irgendeiner Weise selbst schaden. Trotzdem ist es ein Zeichen von persönlicher Reife und Verantwortungsbewußtsein sich selbst und einem Arbeitgeber gegenüber, wenn Sie auf Defizite selbst hinweisen, die die ordnungsgemäße Bewältigung Ihrer zukünftigen Aufgaben gefährden könnten. Mehr dazu im nächsten Kapitel.

Solange Rollenspiel bedeutet, einer registrierten Erwartungshaltung mit tatsächlich vorhandenen Fähigkeiten aus Ihrem Fundus zielgerichtet zu entsprechen, ist es eindeutig legitim und wünschenswert. Eine Rolle spielen, um jemanden etwas glauben zu machen, was Sie nicht sind, ist als unkorrekt abzulehnen. Darüber hinaus wird es sich – auch wenn Sie zunächst damit durchkommen sollten – innerhalb mehr oder minder kurzer Zeit rächen, zum Beispiel dadurch, daß Sie mit zu hohen oder falschen Anforderungen konfrontiert werden. Je größer die Begeisterung und die Vorschußlorbeeren waren, desto tiefer und unangenehmer kann der Sturz ausfallen. In vielen Fällen ist dann die Erbitterung auf seiten des Arbeitgebers über die Täuschung so groß, daß es bei einer Trennung noch nicht einmal für ein zufriedenstellendes Zeugnis reicht: Und das ist ein Makel, den Sie so rasch nicht wieder loswerden.

Checkliste

- Spielen Sie keine Rolle, die sich nicht auch konsequent durchhalten läßt, wenn Sie die Position bekommen, weil sie zumindest einen wesentlichen Teil Ihrer Persönlichkeit entspricht.
- Täuschen Sie nicht, spiegeln Sie keine falschen Tatsachen vor.
- Stellen Sie Ihre Schokoladenseiten so vorteilhaft wie möglich in den Vordergrund.
- Zeigen Sie Verantwortungsbewußtsein, indem Sie Schwachstellen, die die Bewältigung der Aufgaben beeinträchtigen würden, nicht verschweigen.
- Denken Sie daran: Nur in den Top-Etagen der Wirtschaft lassen sich hohe Abfindungen aushandeln, wenn ein Mitarbeiter die Erwartungen nicht erfüllt.

Wieviel Ehrlichkeit ist angebracht beziehungsweise geboten?

Jetzt möchte ich unmittelbar an meine Aussagen des Kapitels „Wie mit den Schwachstellen umgehen?" im ersten Teil des Buches anknüpfen. Ehrlichkeit und Offenheit sind sehr schätzenswerte und positive Eigenschaften. Trotzdem sollten Sie nicht zum alles dominierenden Prinzip erhoben werden. Wer kennt sie nicht aus dem persönlichen Bekannten- oder Kollegenkreis: Menschen, die mit ihrer Direktheit – Ich sage immer, was ich denke! – jenem sprichwörtlichen Elefanten im Porzellanladen alle Ehre machen würden. Manchmal überschreiten sie dabei die Grenze des Zumutbaren. Solchen Menschen geht es ums Prinzip, und sie halten es für Verrat und Opportunismus, einfach einmal den Mund zu halten. Ich denke, daß meine Einstellung zur Ehrlichkeit sowohl aus dem oben erwähnten Kapitel des ersten Teils als auch aus dem vorangegangenen Kapitel klar genug hervorgeht. Vielleicht könnte man es ein Plädoyer für Korrektheit nennen. Konkret: Ich will mich so gut wie möglich verkaufen und darf dabei auch auf die „Verpackung" und auf Werbung Wert legen, aber ich darf keine „Mogelpackung" sein, die zu falschen Rückschlüssen auf den Inhalt führt. Berechtigterweise kann man davon ausgehen, aufgrund des positiven Eindrucks im Vorstellungsgespräch einen gewissen Kreditrahmen bei dem potentiellen Arbeitgeber zu haben. Fehler, fachliche Lücken oder persönliche Marotten werden eher verziehen, vor allem, wenn man seine Schwachstellen kennt beziehungsweise die dies-

bezüglichen Rückmeldungen zur Kenntnis nimmt und etwas unternimmt.
Trotzdem, wenn es um fachliche oder persönliche Schwächen geht, um Gründe für das Ausscheiden bei früheren Arbeitgebern sowie um sonstige Fehlentscheidungen und Flops rund um Ausbildung und Beruf, ist rückhaltlose Ehrlichkeit um jeden Preis nicht angesagt. Da es auch hier keine allgemein gültige Lösung gibt, will ich die Thematik wieder exemplarisch abhandeln.
Beispiel: Wieviel sollten Sie davon erzählen, was bei Ihrem alten Arbeitgeber schiefgelaufen ist?
Wenn Sie berichten, daß Sie mit Herrn oder Frau Sowieso nun wirklich nicht konnten und gegen Sie von Anfang an intrigiert wurde, daß Ihr früherer Chef Sie nie verstanden und Ihre Vorschläge immer abgelehnt hat, dann können Sie mit Sicherheit davon ausgehen, daß Ihr Gesprächspartner zu der Überzeugung gelangen wird, Sie selbst seien das Problem; und das bedeutet zwangsläufig das Aus. Um es deutlich zu sagen: Selbst, wenn Sie Psychoterror ausgesetzt waren, ist das kein Thema für ein Vorstellungsgespräch. Wenn Sie aus dem Nähkästchen plaudern – wie es so schön heißt –, weil Sie froh sind, Ihre Leidensgeschichte einmal einem mitfühlenden Menschen erzählen zu können, wird Ihr Gesprächspartner sich fast immer vorstellen, wie Sie unter Umständen einmal über ihn und dieses neue Arbeitsverhältnis berichten werden; auch hier ist das Aus vorprogrammiert. Damit will ich keinesfalls sagen, daß Sie nicht auch von einigen persönlichen Differenzen, Meinungsverschiedenheiten oder unterschiedlichen Problemlösungsstrategien berichten dürfen; dabei gehen Sie jedoch folgendes Risiko ein: Wenn Sie zu sehr betonen, daß Ihre Vorschläge nicht umgesetzt wurden, dann läßt das je nach Position auf mangelnde Durchsetzungs- und Überzeugungsfähigkeit schließen.
Ganz anders liegt der Fall, wenn Sie eine wenig durchdachte Studienwahl nach zwei Semestern oder eine falsche Firmenwahl in der Probezeit korrigiert haben. Hier offen und ehrlich zu sagen, daß Sie sich geirrt haben, wird in der Regel positiv bewertet, und zwar deshalb, weil Sie anscheinend souverän genug sind, Fehler als solche einzugestehen, aus ihnen zu lernen und dann die Richtung zu ändern. Fehlentscheidungen aufgrund jugendlichen Alters und mangelnder Erfahrung verzeiht man Ihnen meistens. Die Einschränkung, die ich allerdings auch hier wieder machen muß, betrifft die Anzahl solcher Flops. Häufen sie sich, ist Ihr Urteilsvermögen anscheinend eingeschränkt oder Ihre Begeisterungsfähigkeit zu groß. Beides kann für den neuen Arbeitgeber von Übel sein. Selbst, wenn Sie an keinem dieser Mißgeschicke schuld sind, empfiehlt es sich aus taktischen Gründen, wenigstens in einem Fall eigenes Verschulden einzuräumen, um so dem Image des chronischen Pechvogels zu entgehen.
Die in der Kapitelüberschrift angesprochene Ehrlichkeit bezieht sich jedoch nicht nur auf Selbstaussagen. Es geht hier auch darum, wie der Bewerber seine Einschätzung des Gegenübers diesem verbal oder nonverbal zu verstehen gibt. Es ist schon mehr als ein Kandidat abgelehnt worden, weil der Interviewer sich in irgendeiner Weise abschätzig behandelt fühlte.
Ich denke, daß diese Beispiele hinreichend deutlich gemacht haben, worum es beim Thema Ehrlichkeit geht.

Checkliste

- Verhindern Sie, daß Ihr Gesprächspartner zu falschen Rückschlüssen kommt, das heißt, seien Sie korrekt.
- In bezug auf fachliche und persönliche Schwachstellen oder Fehlentscheidungen müssen Sie nicht rückhaltlos ehrlich sein. Sie brauchen sich nicht selbst zu schaden.
- Beschränken Sie sich bei Berichten über Ihren bisherigen Arbeitgeber auf Sachliches. Plaudern Sie nicht aus dem Nähkästchen.
- Seien Sie souverän genug, Irrtümer einzugestehen, zum Beispiel eine falsche Studienfachwahl – vorausgesetzt es gibt nicht zuviele.

Der klassische Gesprächsverlauf

In diesem Kapitel möchte ich einiges dazu sagen, mit welchem Gesprächsverlauf Sie in den meisten Fällen rechnen können beziehungsweise müssen. Dies gilt vor allem dann, wenn Sie es mit Nicht-Profis zu tun haben. Damit meine ich den Personenkreis von Interviewern, der vergleichsweise selten Vorstellungsgespräche führt. Es geht aber auch um das andere Extrem, also den Kreis derer, die zwar häufig Bewerber interviewen, aber zu wenig Interesse und Phantasie aufbringen, etwas an ihrem Stil zu ändern.
Am Anfang wird man Sie meist fragen, ob Sie den Weg gut gefunden haben. Diese sehr typische und weitverbreitete Frage ist schon deshalb unsinnig, weil Sie andernfalls vermutlich nicht da wären. Trotzdem wird sie mit geradezu beängstigender Regelmäßigkeit gestellt. Sie fällt unter die Rubrik Aufwärm- oder Entkrampfungsfragen. Gleiches gilt für das Thema Wetter oder ähnlich Belangloses. Dann werden Sie häufig gefragt, ob Sie etwas zu trinken haben möchten, wenn ja, was. Wenn nach Ende der Normalarbeitszeit eingeladenen Kandidaten die Bitte um Kaffee nicht mehr erfüllt werden kann, weil die Sekretärinnen bereits nach Hause gegangen sind, können Sie daraus auf mangelnde Organisation in diesem Bereich schließen. Je nach Interviewer geht es nun folgendermaßen weiter: Die einen lassen sich zuerst den gesamten Lebenslauf erzählen; die anderen berichten zunächst vom Unternehmen und der zu besetzenden Position. Manche meinen, dem Bewerber nicht zu viel über Firma und Aufgabenstellung erzählen zu dürfen, damit er

den Bericht über seine Person nicht sozusagen stromlinienförmig an das Gehörte anpassen und die vorherige Informationsbeschaffung sparen kann. Je nach Persönlichkeit des Interviewers besteht die ernstzunehmende Gefahr, daß er – wie leider in den meisten Vorstellungsgesprächen – den größten Teil der zur Verfügung stehenden Zeit selbst redet. Um also gar nicht erst in Versuchung zu kommen, beginnen viele mit der Frage nach dem Lebenslauf des Bewerbers. Wohlgemerkt: Hier geht es nur um die Frage der Reihenfolge; selbstverständlich haben Sie ein Anrecht darauf, Näheres über Unternehmen und Aufgabenstellung zu erfahren. Wie Sie am besten danach fragen, lesen Sie in den beiden Kapiteln „Was sollte auf jeden Fall angesprochen werden?" und „Der Fragenkatalog für das erste Gespräch".

Kernstück nahezu jeden Vorstellungsgespräches ist nach wie vor der persönliche Bericht und die Kommentierung des beruflichen Werdeganges. Obwohl sich das sehr simpel anhört, sind dabei bereits die ersten Klippen zu überwinden. Dieser Schilderung messen die meisten Interviewer sehr viel Bedeutung bei, so daß Sie hier sehr viel Terrain gewinnen, aber auch verlieren können. Eine Selbstverständlichkeit ist, was jedoch bedauerlicherweise nicht von jedem Bewerber so gesehen wird, daß Sie sich in Ihrem Werdegang und Ihren diesbezüglichen Entscheidungen gut auskennen. Dazu gehört, die richtige Reihenfolge von Ausbildungs- und Berufsetappen mit Jahreszahl und Monat anzugeben, ohne lange nachdenken zu müssen. Bringen Sie sich nicht in die Situation, folgende typische Reaktionsmuster zu bemühen: Warten Sie mal, das war ungefähr ...; ach, wissen Sie, das ist schon so lange her ... – das wäre außerordentlich blamabel. Schließlich handelt es sich um Ihr bisheriges Berufsleben; und es ist nicht zuviel verlangt, daß Sie sich in Ihrer Vergangenheit auskennen. Also unterstellen wir, daß auch Sie dies zu den Selbstverständlichkeiten zählen.

Kommen wir nun zu weiteren Klippen im Gesprächsverlauf. Im wesentlichen lassen sich zwei Typen von Bewerbern unterscheiden. Die einen zählen in mehr oder weniger „dürren" Sätzen die Stationen ihres Werdeganges auf und wirken dabei so, als ob sie diesen – einschließlich der Daten – regelrecht auswendig gelernt hätten. Dabei drängt sich die Frage auf, warum noch einmal berichtet wird, was ohnehin den schriftlichen Unterlagen zu entnehmen ist. Es gibt zwar Interviewer, die darauf schwören, wie wichtig es sei, das alles noch einmal mit den eigenen Worten des Kandidaten zu hören, die also glauben, das Wie der Selbstpräsentation sei eine entscheidende Hilfestellung für die spätere Beurteilung; da Sie aber vorher nicht wissen können, ob ein solcher Zuhörer vor Ihnen sitzt, empfehle ich Ihnen, zumindest einige wesentliche berufliche Entscheidungen zu kommentieren und zu begründen. Als negativ wird fast immer gewertet, wenn der Bewerber ein zweites Exemplar seiner Unterlagen mitbringt, es demonstrativ vor sich hinlegt, um sodann Daten und Namen nachzusehen.

Bewerber der zweiten Kategorie berichten fast in einem Atemzug von allen nur erdenklichen Einzelheiten der jeweiligen Position und Aufgabenstellung, reden unaufgefordert über sämtliche Fähigkeiten und Stärken, so daß der Interviewer sich in einer Mischung aus Befremden und Erstaunen nur

noch fragt, wann dieser Mensch mal Luft holen muß, und auf eine Chance lauert, mit einer vollständigen Frage zu Wort zu kommen. Bewerber die so lange ohne Punkt und Komma reden, brechen während dieser Zeit den Blickkontakt zu ihrem Gesprächspartner ab, um gar nicht erst in die Versuchung zu kommen, dessen Mimik oder Gestik wahrzunehmen und entsprechend reagieren zu müssen.
Ich habe nicht selten erlebt, daß Bewerber in ihren eigenen Gedankengängen fortfuhren, obwohl ich meine Frage als beantwortet bezeichnete. Das kann dazu führen, daß der Interviewer – sollte der Bewerber doch noch mit seiner vermeintlich glänzenden Selbstdarstellung fertig geworden sein – gar nicht mehr so genau weiß, was er noch fragen wollte. Je nach seiner Persönlichkeit und seinem Naturell schwankt er zwischen Ärger, Langeweile und Resignation, unterbricht den Redefluß des Kandidaten mehr oder weniger freundlich oder reagiert sogar mit der Beendigung des Gesprächs. Mir ist selbstverständlich klar, daß ein solches Verhalten von Bewerbern sehr viel mit Unsicherheit und Ängsten zu tun hat und sich viele deshalb so benehmen, weil sie fürchten, jedwede Unterbrechung würde sie aus dem Konzept bringen und von daher benachteiligen.
Da das Thema dieses Kapitels „Der klassische Ablauf" heißt, will ich nicht versäumen, auch zu der weit verbreiteten Unsitte Stellung zu nehmen, daß viele Interviewer 70 % der Zeit selbst reden. Dies gilt vielfach in den Fällen, in denen Ihr Gegenüber mit der Darstellung des Unternehmens und der zu besetzenden Position beginnt. Als Bewerber wird man dann das Gefühl nicht los, daß hier jemand endlich mal berichten kann, wie großartig das betreffende Unternehmen und er selbst sind. Eigentlich müßten Sie nur noch an den richtigen Stellen freundlich nicken, um einen ausgezeichneten Eindruck zu hinterlassen; doch glaube ich, daß das kaum in Ihrem Sinne sein kann. Hier müssen Sie, wie eben beschrieben, das Luftholen Ihres Gegenübers ausnutzen, um endlich etwas von sich berichten zu können. Wenn Ihnen gelungen ist, das Wort zu ergreifen, sollten Sie sich jedoch bei Ihrer Darstellung auf das beschränken, was ein Arbeitgeber unbedingt über Sie wissen muß, und auf das, was Ihren Gesprächspartner aufgrund seiner Funktion und Entscheidungssituation am meisten interessiert. Kommen keine Fragen, müssen Sie versuchen, Ihre Informationen trotzdem anzubringen, zum Beispiel in dieser Form: Ich könnte mir vorstellen, daß für Sie noch von Interesse ist, welche Projekte ich zuletzt bearbeitet habe – Oder: Nach allem, was ich herausgehört habe, muß Ihnen die Selbständigkeit Ihrer Mitarbeiter sehr wichtig sein. Die Fähigkeit zu selbständigem Arbeiten habe ich während meiner Zeit bei ... entwickeln können. – Auf diese Weise kann es gelingen, wieder einmal zu Wort zu kommen und am Ball zu bleiben, wenn Sie Interesse geweckt haben. Wenn Ihr Gesprächspartner Ihnen eine Reihe konkreter Fragen stellt, können Sie das immer als positives Zeichen werten. Meist ist diesen Fragen bereits zu entnehmen, ob Ihr Gegenüber gut vorbereitet ist, Ihre Bewerbungsunterlagen genau kennt und sie vielleicht sogar mit Markierungen oder Randbemerkungen versehen hat. Ich möchte differenzieren zwischen den Fragen, die sich ausschließlich auf Ihre Person, Ihren Werdegang und Ihre Unterlagen beziehen,

und solchen, die im Kapitel „Welche Themenbereiche werden angesprochen?" im einzelnen beschrieben sind. Hüten Sie sich jedoch in jedem Fall davor, eine Antwort damit zu beginnen, daß Sie dies oder jenes bereits gesagt hätten.
Schließlich gehört zum Ablauf klassischer Vorstellungsgespräche auch noch der Teil, der für Ihre Fragen vorgesehen ist. Gegen Ende werden Sie in der Regel gefragt, ob Sie noch etwas wissen möchten. Viele Interviewer erkundigen sich auch zwischendurch oder nach längeren Ausführungen, ob Sie alles verstanden haben oder noch Erläuterungsbedarf besteht. Bewerber, die am Ende des Vorstellungsgespräches überhaupt keine Frage beziehungsweise keinen Erläuterungsbedarf haben, hinterlassen fast immer einen eher schlechten Eindruck. Um das zu vermeiden, brauchen Sie keine drei Seiten lange, sauber vorbereitete Liste. So eine Aufstellung ist zwar nicht verboten, hat aber einige Nachteile, die ich im Kapitel „Der Fragenkatalog für das erste Gespräch" näher erläutern werde. Trotzdem sollten Sie, auch wenn Ihnen bereits ein weiteres Gespräch angekündigt worden ist, keinesfalls auf einige Fragen zum Unternehmen und zur Position verzichten. Ich würde Ihnen empfehlen, auch abzuklären, ob Sie die Ihnen – fast immer – ausgehändigte Visitenkarte dazu nutzen dürfen, sich mit zusätzlichen Fragen an die darauf genannte Person oder einen anderen Ansprechpartner im Unternehmen wenden zu können.
Abschließend ist unbedingt die weitere Vorgehensweise zu klären. Es sollte Ihnen mitgeteilt werden, bis wann Sie Bescheid erhalten oder ob Sie sich Ihrerseits melden sollen. Letzteres kann insofern günstiger sein, als Sie die Initiative behalten und nicht mit den negativen Gefühlen leben müssen, die mit passivem Warten zwangsläufig verbunden sind.
Sollte es sich um eine Position auf vergleichsweise niedriger Hierarchiestufe handeln oder sind Sie noch mehr oder weniger Berufsanfänger, gehört ein Teil dessen, was ich im dritten Teil des Buches abgehandelt habe, zum Beispiel die Vertragskonditionen, noch in dieses erste Gespräch hinein und muß inhaltlich hier berücksichtigt werden.
Im nächsten Kapitel möchte ich noch auf weitere denkbare Varianten des Gesprächsverlaufes eingehen.

Checkliste

- Seien Sie auf die häufigste, aber nicht sehr sinnvolle Aufwärm- und Entkrampfungsfrage gefaßt, ob Sie den Weg gut gefunden haben.
- Danach berichten Sie über Ihren Werdegang, oder Ihr Gesprächspartner stellt Ihnen das Unternehmen und die Position vor.
- Sie kennen sich selbstverständlich in Ihrem Lebenslauf bestens aus, das heißt, Sie wissen die Etappen mit Zeitangaben auswendig.
- Sie können Ihren Werdegang kommentieren, das heißt, berufliche Entscheidungen begründen oder erklären.
- Seien Sie sich der großen Bedeutung Ihrer Selbstdarstellung bewußt, und üben Sie sie gut ein.
- Verzichten Sie darauf, ein Exemplar Ihrer Bewerbungsunterlagen im Vorstellungsgespräch zu benutzen. Es wird von Ihnen erwartet, daß Sie Ihre Daten auswendig wissen.
- Lassen Sie den Bericht über Ihren Werdegang nicht zu knapp, aber auch nicht zu umfangreich ausfallen.

- Lassen Sie während Ihres Berichtes Pausen für Fragen Ihres Gesprächspartners, und gehen Sie auf diese ein.
- Brechen Sie nie den Blickkontakt zu Ihrem Gegenüber ab, damit Sie dessen Reaktionen erkennen können.
- Berichtet Ihr Gesprächspartner ununterbrochen über das Unternehmen, versuchen Sie, in einer Pause das Gespräch auf Ihren Werdegang zu bringen.
- Konkrete Fragen Ihres Gegenübers deuten auf einen positiven Gesprächsverlauf hin.
- Werden Ihnen keine oder nur wenige Fragen gestellt, sprechen Sie Themen, die Ihnen wichtig sind, von selbst an.
- Lassen Sie sich sagen, wann Sie Bescheid erhalten.

Abweichungen vom klassischen Gesprächsverlauf

Was ich in diesem Kapitel sozusagen beispielhaft erläutern möchte, nämlich die Abweichungen vom Typischen, kann verschiedene Ursachen haben. Der Grund für ein anderes Gesprächsverhalten ist vielfach, daß Sie es mit einem richtigen Profi zu tun haben, das heißt mit jemandem, den das übliche Abfragen von Lebensläufen anödet. Solche Interviewer müssen zwangsläufig auf der Basis Ihrer Bewerbungsunterlagen ausgezeichnet vorbereitet sein und sind damit naturgemäß die anspruchsvolleren und anstrengenderen Gesprächspartner. Sie sind immer für eine Überraschung gut, halten sich nicht mit irgendwelchen Floskeln über die Anreise und dergleichen auf, sondern fragen Sie unmittelbar nach irgend etwas, das sie Ihren Unterlagen entnommen haben. Das hört sich dann zum Beispiel so an: In Ihrem Brief schreiben Sie etwas sehr Interessantes. Können Sie mir das mal ein wenig näher erläutern? – Oder: Sie haben als Hobby Lesen angegeben. Mit welchen Büchern haben Sie sich denn in letzter Zeit beschäftigt? – Ja, und damit ist für manche Bewerber bereits der Untergang programmiert. Entweder fangen sie an zu stottern, oder sie suchen ihr Heil im bereits geschilderten klassischen Gesprächsablauf. Das sieht dann so aus, daß die „unangenehme“ Frage allenfalls oberflächlich beantwortet und nachfolgend mit Hilfe einer mehr oder weniger intelligenten Überleitung der berufliche Werdegang mit wirklich allen Einzelheiten erzählt wird. Dabei kommt es dann zu den bereits geschilderten Verhaltensweisen, daß sich der Bewerber, komme was da wolle, nicht mehr unterbrechen läßt, um nicht mit weiteren solcher „heimtückischen" Fragen konfrontiert zu werden. Das erinnert mich an eine lustige Examensgeschichte von einem zukünftigen Zoologen, der sich auf das Thema Regenwürmer vorbereitet hatte, aber unglücklicherweise über Elefanten befragt wurde. In seiner Not beantwortete er die Frage so: Die Elefanten gehören zur Gattung der Säugetiere. Sie haben einen Rüssel, der sehr viel Ähnlichkeit mit einem Regenwurm hat. Die Klasse der Regenwürmer gliedert sich in ... – Fatalerweise haben Sie vielleicht einen Gesprächspartner, der Sie in die falsche Richtung weiterlaufen läßt, weil er wissen will, wie Sie die „Spielwiese" der Selbstdarstellung nutzen werden. Da solche Interviewer meist auch nicht zu feige sind, Ihnen zu sagen, daß sie Sie für nicht geeignet halten, kann das Aus genauso überraschend wie vorzeitig kommen.

Um solche Gesprächspartner heil zu überstehen, müssen Sie mit Ihrem Wissen und Ihren Erfahrungen wirklich jonglieren können, wie ich das bereits im ersten Teil des Buches ausgeführt habe. Je gründlicher die Vorbereitung, desto weniger angsteinflößend sind solche Interviewer. Typisch für sie ist, daß ihre Fragen manchmal auf den ersten Blick keinen unmittelbaren Zusammenhang erkennen lassen und ein hohes Abstraktionsniveau aufweisen, zum Beispiel: Was hat Ihnen Ihre Zeit bei der Firma ... denn eigentlich für Ihre eigene Entwicklung gebracht? Was haben Sie von da mitgenommen? – Oder sie springen in gewisser Weise in neue Themenbereiche, etwa indem Sie als erstes gefragt werden, warum Sie denn Ihren jetzigen Arbeitgeber, der doch zur Zeit eine gute Presse habe, überhaupt verlassen wollen – übrigens, eine ideale Falle für Bewerber, zu Erklärungen dahingehend anzusetzen, daß das ja nur die Fassade sei und daß Außenstehende ja überhaupt keine Ahnung hätten, wie schlimm es hinter den Kulissen aussehe, da werde doch tatsächlich von den und den Personen im Unternehmen ... Erinnern Sie sich daran, was ich im Kapitel „Wieviel Ehrlichkeit ist angebracht beziehungsweise geboten?" zu diesem Thema gesagt habe? In einer solchen Gesprächssituation können Ihre Chancen innerhalb kürzester Zeit gegen Null tendieren.

Selbstverständlich gibt es noch mehr Auslöser dafür, daß ein Gespräch gänzlich anders verläuft als erwartet: etwa wenn Sie als seltener Spezialist für ein bestimmtes Fachgebiet von einem ebensolchen Spezialisten interviewt werden. Hier wird in jedem Fall das Fachsimpeln im Vordergrund stehen, und Sie müssen sehr aufpassen, daß bestimmte andere Dinge, die Ihren zukünftigen Arbeitgeber auch noch interessieren müssen, dabei nicht völlig untergehen. Sind Sie tatsächlich die Fachkraft, die das Unternehmen erwartet, ist diese Art des Vorstellungsgespräches mit Sicherheit sehr angenehm, und Sie sollten es genießen, aber eben auch Ihre sonstigen Qualitäten, zum Beispiel Führungserfahrung, anzubringen versuchen.

Es kann Ihnen auch passieren, daß Sie auf ein in Ihren Unterlagen angegebenes Hobby angesprochen werden – sei es, weil Ihr Gesprächspartner die gleichen Interessen hat, er diese Freizeitbeschäftigung spannend findet oder schlicht neugierig ist. Ich kann mich an einen Fall erinnern, in dem ein Bewerber angegeben hatte, in seiner Freizeit Überlebenstraining zu betreiben.

Da das schließlich eine ungewöhnlichere Beschäftigung als Tennis oder Reiten ist, war das Interesse entsprechend groß. Als Personalberaterin und Moderatorin hatte ich alle Hände voll damit zu tun, das Gespräch in Bahnen zu lenken, die beiden Seiten noch einen halbwegs vollständigen Informationsaustausch zum eigentlichen Thema ermöglichten – also Vorsicht beim Erwähnen von Hobbys. Mit besonders unangenehmen Konsequenzen müssen Sie rechnen, wenn Sie, wie eingangs bereits erwähnt, das Lesen als Freizeitbeschäftigung angeben: Es gibt leider Bewerber, die glauben, damit einen intellektuellen Eindruck erwecken zu können, denen aber bei der Frage nach dem zuletzt gelesenen Roman diese kleinen verräterischen Schweißperlen auf Stirn und Oberlippe treten.

Natürlich gibt es auch unangenehme Abweichungen vom üblichen Gesprächsverlauf, die der Interviewerseite zur Last gelegt werden müssen: So kann es Ihnen passieren, daß Sie jemandem gegenübersitzen, der mit Ihrer Einladung nicht unbedingt einverstanden war. Er wird versuchen, sich seiner Aufgabe so rasch wie möglich zu entledigen und zwischen den Themen hin und her springen, weil ihn nicht sonderlich interessiert, was Sie zu sagen haben. In diesem Fall können Sie entweder durch Ihre Persönlichkeit und Ihr Auftreten positiv überraschen oder, wenn das nicht hilft, sich damit trösten, daß es noch ein weiteres Gespräch mit jemandem geben wird, der an Ihnen interessiert ist.

Auch das Gespräch mit mehreren Personen, das ich im nächsten Kapitel näher unter die Lupe nehmen möchte, weicht vom klassischen Ablauf einer Vorstellung ab.

Checkliste

- Professionelle Interviewer beziehen sich mit der ersten Frage häufig auf ein Thema, das sie Ihren Unterlagen entnommen haben, und springen scheinbar unvermittelt zwischen verschiedenen Themenbereichen hin und her.
- Bereiten Sie sich gut vor, dann machen Ihnen professionelle Interviewer weniger Angst.
- Genießen Sie eine Fachsimpelei, wenn Sie auf einen Fachkollegen treffen. Vergessen Sie darüber aber nicht, Ihre Qualitäten herauszustellen.
- Wenn Sie auf Hobbys angesprochen werden, dehnen Sie das Thema nicht zu sehr aus.
- Wenn Sie Lesen als Hobby angeben, rechnen Sie auch damit, auf zuletzt gelesene Bücher angesprochen zu werden.

Das Gespräch mit mehreren Personen

Es gibt Unternehmen, die schwören auf Gespräche, bei denen mehrere Interviewer gleichzeitig anwesend sind; andere stellen Ihnen Ihre Gesprächspartner nacheinander vor oder laden lieber ein zweites Mal ein; wieder andere organisieren ein Gruppengespräch mit mehreren Bewerbern, hauptsächlich dann, wenn es sich um Berufsanfänger handelt.

Sollten Sie also in die Situation kommen, mehrere Gesprächspartner anzutreffen, versuchen Sie herauszufinden, ob sich diese untereinander auf verteilte Rollen geeinigt haben oder ob Sie es einfach nur mit einem oder mehreren Zuhörern zu tun haben. Manchmal wird Ihnen zu Beginn erläutert, wer Ihre Gegenüber sind.

Es ist schwer zu sagen, welche von den beiden Varianten – verteilte Rollen oder ein Gesprächspartner plus Zuhörer – die für einen Bewerber schwierigere Ausgangssituation darstellt. Besonders problematisch ist meiner Erfahrung nach, wenn sich in keiner Weise erkennen läßt, wer welche Art von Fragen stellt und wen was interessiert. Ebenfalls schwer zu durchschauen ist für Sie als Außenstehenden, ob das „Unter-Beschuß-Nehmen" von mehreren Seiten beabsichtigt ist, um zu sehen, wie Sie damit fertig werden, oder ob es eher ein Zeichen mangelnder Koordination, fehlender Absprachen, ein Zeichen von Rivalitäten, Hierarchieproblemen oder anderen ungeklärten Situationen auf Unternehmensseite ist. Natürlich können Sie sich in diesem Fall damit trösten, daß Sie in einer Firma, in der ein solches Chaos oder eine so ausgeprägte Hackordnung herrscht, sowieso nicht arbeiten wollen. Trotzdem dürfte ein solches Vorstellungsgespräch recht unangenehm sein.

Wahrscheinlicher ist, daß Ihnen jemand aus der Personalabteilung und ferner Ihr potentieller Fachvorgesetzter gegenübersitzen. Das muß nicht unbedingt derjenige sein, dem Sie unmittelbar unterstellt sein würden, sondern zum Beispiel der Bereichs- oder Hauptabteilungsleiter. Das hängt in der Regel von der Hierarchieebene der zu besetzenden Position ab. Beide haben schwerpunktmäßig unterschiedliche Interessen: Der Personalverantwortliche muß sich unter anderem um die formalen Belange wie Ihre Kündigungsfrist und so weiter kümmern; er ist vielfach derjenige, der mehr Ahnung oder zumindest Routine im Führen von Vorstellungsgesprächen hat und der versucht herauszufinden, ob Sie zum Unternehmen passen. Der Fachvorgesetzte dagegen will wissen, ob Sie den fachlichen Anforderungen genügen und ob Sie mit dem vorhandenen Team und Ihrem Vorgesetzten zusammenarbeiten können. Entsprechend sind die Gesprächsthemen zwischen beiden Interviewern verteilt; zusammen stellen sie das „Vier-Augen-Prinzip" sicher: Der Eindruck des Bewerbers wird diskutiert, und wahrscheinlich fällt ein gemeinsames Urteil objektiver aus, weil, insgesamt gesehen, beiden weniger entgehen dürfte. Solch ein Vorstellungsgespräch kann aus verschiedenen Gründen für einen Bewerber recht angenehm sein. Er hat mit zwei unterschiedlichen Menschen zu tun, und somit bleibt ihm eine Chance, wenn er mit dem einen absolut nicht zurechtkommt. Handelt es sich bei den Interviewern um ein eingespieltes Team, wird auch dies die Gesprächsatmo-

sphäre positiv beeinflussen. Bleibt der Bewerber einmal bei einer Antwort stecken, kann der andere übernehmen und ausgleichen. Alles zusammengenommen, ist eine solche Situation eher positiv als negativ.
Kommen wir nun zur zweiten Variante: Eine Person führt das Gespräch mit Ihnen, und eine oder mehrere andere hören zu. Vielfach verunsichert das den Bewerber, weil er immer darauf wartet, daß die anderen sich irgendwann einschalten. Es gibt in der Regel zwei Gründe für diese Art von Vorstellungsgesprächen: Ein Personalreferent oder -sachbearbeiter muß selbst noch lernen, oder eine höher angesiedelte Führungskraft soll an der Entscheidung mitwirken. Dieser Manager wird entweder gar nichts sagen oder allenfalls einige wenige Fragen an Sie richten, die vielfach dann kommen, wenn Sie ihn eigentlich schon fast vergessen haben. Dieses Vergessen kann Konsequenzen haben. Behalten Sie deshalb in einem Gespräch mit mehreren Firmenvertretern immer alle Anwesenden im Blick, und beziehen Sie sie in Ihre Antworten mit ein! Besonders tödlich ist fehlender Blickkontakt immer dann, wenn es um Positionen und Aufgabenstellungen geht, die viel Kontakt mit Menschen erfordern. Einem zukünftigen Buchhalter würde mangelnde Kommunikationsfreudigkeit vielleicht noch verziehen, bei einem Mitarbeiter im Bereich Öffentlichkeitsarbeit geht das nicht. Manchmal wird die beschriebene Gesprächskonstellation bewußt gewählt, um diesen sehr wesentlichen Punkt unmittelbar überprüfen zu können. Regelmäßiger Blickkontakt zur gesamten Runde ist sogar so wichtig, daß Sie gleich zu Anfang des Gespräches darauf achten sollten, sich so hinzusetzen und Ihren Sitzplatz gegebenenfalls so zu verändern, daß Sie alle im Raum befindlichen Personen sehen können. Menschen, auch bloße Zuhörer, die sich ausgeschlossen fühlen, neigen dazu, negativ zu urteilen, es sei denn, sie spielen den Beobachtungsposten im Abseits, der keineswegs einbezogen zu werden wünscht. Es gibt noch ein weiteres wichtiges Argument für permanenten Blickkontakt: die Wahrnehmung möglicher Reaktionen auf Ihre Antworten und Ihre Fragen, die sich fast immer leicht am Gesicht ablesen lassen. So haben Sie zumindest die Chance, Ihrer Argumentation eine andere Richtung zu geben oder ein Thema zu verlassen, wenn Sie fehlendes Interesse feststellen. Weitere Einzelheiten hierzu folgen im Kapitel „Körpersprache präzise beobachten und gezielt einsetzen“.
Zusammenfassend gilt die Devise: keine Panik bei mehr als einem Gesprächspartner! Sehen Sie die Situation unter dem Gesichtspunkt, daß Sie umfassender wahrgenommen und objektiver beurteilt werden, als wenn Sie es nur mit einer Person zu tun haben.

Checkliste

- Versuchen Sie herauszufinden, welche Rollen Ihre Gesprächspartner spielen oder ob nur einer das Interview führt und die anderen zuhören.
- Meist sitzen Sie Ihrem vielleicht späteren Fachvorgesetzten und einem Personalverantwortlichen gegenüber. Beide nehmen in dem Gespräch unterschiedliche Interessen wahr.
- Sehen Sie es als Chance, wenn Sie auf mehr als einen Interviewer treffen.
- Beziehen Sie unbedingt alle Anwesenden in Ihren Blickkontakt ein –

vielleicht soll gerade Ihr Kommunikationsverhalten geprüft werden.

- Wählen Sie Ihren Sitzplatz so, daß Sie alle anwesenden Personen im Blick haben können.
- Denken Sie daran, daß Zuhörer, die sich ausgeschlossen fühlen, dazu neigen, negativ zu urteilen.

Die zeitlichen Rahmenbedingungen

Kommen wir noch kurz zu den zeitlichen Rahmenbedingungen eines Vorstellungsgespräches. Diese werden sehr stark beeinflußt zum einen von Ebene und Bedeutung der zu besetzenden Position, zum anderen von der Unternehmensphilosophie zur Personalauswahl und der Einstellung des Interviewers dazu.
Als Faustregel gilt: Je niedriger die zu besetzende Funktion, desto kürzer die Zeit, die Ihnen zur Verfügung steht. Die Hierarchieebene der Position beeinflußt übrigens auch die Anzahl der Teilnehmer und der Gespräche. Die durchschnittliche Dauer dürfte bei etwa einer Stunde liegen, wobei noch zu unterscheiden ist zwischen der Zeit, die grundsätzlich zur Verfügung steht, und der, die Ihnen tatsächlich gewährt wird. Erstere wird auch dadurch bestimmt, wann Ihr Interviewer seinen nächsten Termin hat oder in welchem Rhythmus die Bewerber bestellt wurden. Letztere hat auch sehr viel mit Ihnen zu tun, Ihrem Auftreten und dem Interesse, das Sie zu wecken imstande sind. Ja, es kann Ihnen sogar gelingen, daß Ihretwegen ein anderer Termin verschoben wird. Sollte das der Fall sein, haben Sie wirklich gute Karten. Manchmal wird Ihnen gleich zu Anfang mitgeteilt, wieviel Zeit zur Verfügung steht. Erfahren Sie es nicht, sind Sie durchaus berechtigt, danach zu fragen. Schließlich hat der Zeitrahmen keinen geringen Einfluß auf die Verteilung der einzelnen Themen und auf Ihre Selbstdarstellung (siehe die vorangegangenen Kapitel „Der klassische Gesprächsverlauf“ und „Welche Themenbereiche werden angesprochen?“). Durch Ihre Frage vermeiden Sie außerdem, daß Sie Wesentliches vergessen, weil das Gespräch plötzlich abgebrochen werden muß. Das zeitliche Minimum liegt bei einer halben Stunde, das Maximum normalerweise bei etwa zweieinhalb Stunden; mehr oder weniger handelt es sich dann um Führungskräfte. Meine Erfahrung ist, daß bei den meisten Bewerbern nach eineinhalb Stunden Konzentrationsschwierigkeiten auftreten. Deshalb ist es sinnvoll, ein Gespräch bis dahin zu einem Abschluß zu bringen.

Checkliste

- Faustregel: Je niedriger die zu besetzende Funktion, desto kürzer die Ihnen zur Verfügung stehende Zeit, desto geringer die Anzahl der Gesprächsteilnehmer und Gespräche.
- Die meisten Interviews dauern etwa eine Stunde.
- Wenn Ihnen nicht gesagt wird, wieviel Zeit zur Verfügung steht, können Sie durchaus danach fragen.

Eine kleine Typologie der Interviewer

Dieses Kapitel hat vielleicht ein wenig karikaturistische Züge – das ist Absicht. Die Beschreibung der einzelnen Interviewertypen soll durch Überspitzung auf den Punkt gebracht werden. Außerdem macht es mir zugegebenermaßen auch großen Spaß, mich als zumindest zeitweilige Vertreterin der Interviewerzunft selbst etwas auf die Schippe zu nehmen.

Die nun folgende Aufzählung und die Kurzdarstellungen erheben keinen Anspruch auf Vollständigkeit, doch bin ich der Überzeugung, daß jeder, der schon einmal etwas mit Vorstellungsgesprächen zu tun hatte – sei es auf Bewerberseite, sei es im anderen Lager –, ganz bestimmte Aha-Erlebnisse haben wird.

Beginnen wir mit dem am häufigsten anzutreffenden Typus, dem Redseligen. Ich erwähnte bereits in einem früheren Kapitel die weitverbreitete Unsitte, daß derjenige, der eigentlich den Bewerber zum Reden bringen soll, oft überwiegend Selbstdarstellung betreibt. Das sind diese Menschen, die nur nett etwas gefragt werden müssen, und schon fangen sie zu sprudeln an, kommen von Hölzchen auf Stöckchen und merken vielfach gar nicht, wie endlos ihre Monologe sind. Ein einigermaßen versierter Bewerber muß nur noch an den richtigen Stellen freundlich und zustimmend nicken, und er kann davon ausgehen, einen ausgezeichneten Eindruck zu hinterlassen, obwohl er so gut wie nichts sagt. Ein Vertreter dieser Interviewerspezies sitzt nicht selten bequem zurückgelehnt, die Fingerspitzen aneinander gelegt und erzählt von seinem Werdegang, seinem Aufstieg in der Firma, der Führungsphilosophie des Unternehmens, den vergangenen schweren Zeiten und so weiter und so weiter. Bewerber, die sich in den Kopf gesetzt haben, auch etwas sagen zu wollen, haben es schwer. Da hilft nur, gnadenlos in Luftholpausen einzubrechen und selbst einige Zeit ohne Punkt und Komma zu reden. Leider gibt es keine Garantie dafür, daß der Redselige Ihre Ausführungen inhaltlich zur Kenntnis genommen hat. Meist fährt Ihr Gegenüber nämlich nach dieser eher unliebsamen Unterbrechung in seinem ursprünglichem Gedankengang fort. Die einzige Chance des Bewerbers besteht dann darin, ein gemeinsames Hobby zu entdecken. Da kann die Stimmung plötzlich umschlagen, und nun fragt Ihnen jemand ein Loch in den Bauch, so daß Sie gar nicht rasch genug antworten können.

Das absolute Kontrastprogramm zum redseligen Interviewer ist der Wortkarge. Bei ihm wird man als Bewerber das Gefühl nicht los, bei den Fragen und ihrer Artikulation helfen zu müssen – nach dem Motto: Schafft er den vollständigen Satz oder nicht? Gespräche mit solchen Partnern sind schlicht anstrengend. Es entstehen lange Pausen, und man weiß nicht so genau, ist das nun eine Technik, um den Bewerber zu verunsichern, oder fällt dem anderen nichts mehr ein. Wortkarge Interviewer kommen vielfach aus wenig kommunikativen Berufsbereichen, sind zum Beispiel Ingenieure, jedenfalls Personen, die sich in einer solchen Situation denkbar unwohl fühlen. Bewerbern, die auf diesen Typus treffen, kann ich nur empfehlen, die Gesprächsführung selbst zu übernehmen. Die meisten Wortkargen werden dankbar reagieren und vielleicht sogar ein wenig auftauen.

Eine ganz besondere Spezies ist der Charmeur. Er – meist ist es ein Er – läuft immer dann zur Höchstform auf, wenn er es mit einer weiblichen Person zu tun hat. Sehen sowohl Interviewer als auch Bewerberin auch noch gut aus, ist eine völlig andere Gesprächsebene bereits vorprogrammiert. Damit meine ich nicht unbedingt irgendwelche unsittlichen Anträge, sondern eine Aneinanderreihung von Komplimenten, mit der manch eine Bewerberin, die sich auf ein sachliches Gespräch eingestellt hat, nicht mehr umzugehen weiß: Wird sie rot oder verlegen, findet er das entzückend und so weiter. Aus dem Kreuzfeuer von Charme und Witz kann eine Kandidatin sich meist nur dadurch befreien, daß sie sich höflich und liebenswürdig für die Komplimente und die übergroße Freundlichkeit bedankt und dann deutlich macht, daß sie gerne zu den Sachthemen kommen möchte.
Der Unnahbare dagegen sorgt verbal und nonverbal – vielfach auch räumlich – dafür, daß ihm niemand zu nahe kommt. Dabei spielt es fast keine Rolle, ob dieses Verhalten in Unsicherheit und Ängsten begründet ist oder ob Sie es mit einem überzeugten Gegner zwischenmenschlicher Kontakte zu tun haben: Die Auswirkungen sind weitgehend die Gleichen. Unnahbare verschanzen sich hinter großen Schreibtischen und verteidigen ihr Terrain. Versuchen Sie als Bewerber niemals, diese Distanz zu verringern, indem Sie mit dem Stuhl näher heranrücken. Der Effekt wird mit Sicherheit negativ sein und Ihnen schaden. Machen Sie einem solchen Gesprächspartner klar, daß Sie die Distanz respektieren und sich dadurch in keiner Weise beeinträchtigt fühlen. Unnahbare „schafft“ man nur mit Respekt.
Der Ungeübte oder Unsichere ist auf eine andere Art anstrengend. Er hat sehr viel Angst davor, Sie als Bewerber könnten zum Beispiel an der Art der Fragestellung merken, daß er noch Anfänger ist. Solche Interviewer haben, vergleichbar mit extrem ängstlichen Kandidaten, etwas von einem hypnotisierten Kaninchen. Je nach Art und Ausmaß der Nervosität hilft es, diese entweder zu ignorieren oder dem Gesprächspartner den Rücken zu stärken, indem Sie sehr dosiert positive Rückmeldungen geben.
Der Provokateur liebt es, Leute aus der Fassung zu bringen. Äußerungen, die auf einen solchen Interviewer schließen lassen, sind zum Beispiel: Nachdem Sie die ersten beiden Arbeitgeber so kurzfristig verlassen haben, sind Sie wohl jemand, der die Brocken schnell hinschmeißt, wenn es schwierig wird! – Oder: In dem Studium können Sie doch nichts Gescheites gelernt haben! – Bei solchen Bemerkungen – möglichst noch zu Beginn eines Gespräches – kommt naturgemäß so richtig Freude auf. Reagieren Sie spontan beleidigt, werden Sie ebenso spontan fallengelassen. Wenn Sie es nicht gerade mit einem ausgesprochenen Sadisten zu tun haben, besteht aber eine reelle Chance, gar nicht mal so schlecht aus solch einem Gespräch herauszukommen: Üben Sie sich entweder in souveräner Gelassenheit, oder reagieren Sie durchaus provokativ und arrogant. Hilfreich können auch Gegenfragen sein, zum Beispiel: Sind Sie so etwas wie eine Karrierefrau? – Wenn Sie mir sagen, wie Sie Karrierefrau definieren, kann ich Ihnen die Frage wahrscheinlich beantworten. – Also, Ruhe und Gelassenheit sind in diesem Falle erste Bewerberpflicht. Selbstverständlich will ich damit in kei-

ner Weise sagen, daß ein Provokateur bei seinem selbstgestrickten Streßinterview bestimmte Grenzen nicht doch überschreiten kann. Dann sind Sie berechtigt, sich zu wehren, im Extremfall auch aufzustehen und zu gehen. Manchmal bringt solch eine deutliche Geste Ihr Gegenüber auch zur Erkenntnis, zu weit gegangen zu sein, und plötzlich ergibt sich doch noch ein nettes Gespräch. Wann Ihre Schmerzgrenze erreicht ist, müssen Sie entscheiden; dafür gibt es leider kein Patentrezept.

Schwierig im Umgang ist auch der Desinteressierte. Er läßt Sie mit allen ihm zu Gebote stehenden Mitteln erkennen, daß es in Ihren Ausführungen nichts geben kann, das seiner Aufmerksamkeit wert wäre. Sie werden sich natürlich fragen, warum so jemand mit Mitarbeitergesprächen betraut wird. Es kann zum Beispiel so sein, daß Ihr Gegenüber aufgrund seiner Funktion an der Entscheidung beteiligt ist, obwohl er nicht einsieht, warum auch er noch mit Ihnen reden muß. Oder er befindet sich auf der Stufenleiter der Hierarchie so weit über Ihnen, daß er es unter seiner Würde hält, Interesse zu zeigen. Oder er ist, für ihn selbst überraschend, als Vertreter ausgeguckt worden, weil derjenige, der Sie eigentlich eingeladen hat, aus irgendwelchen Gründen verhindert ist. Als Stellvertreter weiß er dann gar nicht, worum es geht, und will es auch nicht wissen. Vielleicht paßt Ihrem Gegenüber einfach Ihre Nase nicht, oder er findet Ihren beruflichen Werdegang völlig uninteressant. Eine solche Mauer von Desinteresse zu durchbrechen ist nahezu unmöglich. Sie können unter Umständen nur noch hoffen, in dem Unternehmen noch auf einen wirklich interessierten Interviewer zu treffen.

Der Gestreßte kann einem eigentlich nur leid tun. Er hat in der Regel einen gehetzten Gesichtsausdruck und sein Schreibtisch, auf dem kaum noch etwas zu finden ist, bricht unter Akten beinahe zusammen. Er läßt sich vom Telefon und vom persönlichen Erscheinen Dritter grundsätzlich unterbrechen und vermittelt den Eindruck, (aufgrund der Unfähigkeit anderer) immer alles selbst machen zu müssen. Die Gestreßten leiten ihre Bedeutung von der Hektik ab, die sie umgibt und die sie ausstrahlen. Im Gespräch mit diesem Interviewertyp sollten Sie bei einer Unterbrechung jedesmal demonstrativ aufhören zu reden. Da das dann häufiger geschieht, fällt es nach einer Weile auch dem reinsten Vertreter dieser Spezies auf, und er wird weitere Störungen vielleicht sogar verhindern.

Der Überlegene ist eine Art Kreuzung zwischen dem Unnahbaren und dem Redseligen. Er ist vielfach eitel und betreibt von daher intensive Selbstdarstellung. Wenn man der Schilderung seines Berufsalltages zuhört, könnte man meinen, sein Tag hätte mindestens 36 Stunden. Trotzdem hat er noch Zeit für elitäre Hobbys. Selbstverständlich hat er im Gegensatz zum Gestreßten alles locker im Griff. Als potentieller Mitarbeiter müssen Sie natürlich in erster Linie etwas lernen; und ob Sie jemals seine Höhen erreichen werden, ist mehr als fraglich. Es gibt wenig, was der Überlegene nicht schon realisiert oder erlebt hat. Sein Hauptproblem besteht darin, so wenige adäquate Gesprächspartner zu haben. Solch einem Übermenschen können Sie – je nach Risikobereitschaft – entweder sehr viel Selbstbewußtsein und Stolz auf eigene Leistungen entgegensetzen, oder Sie akzeptieren, zum Beispiel als Berufsanfänger, wenigstens vorläufig in der Probezeit die untergeordnete Rolle.

Der Orientierungslose weiß eigentlich nie so richtig, worum es geht. Da es mit dem Verstehen manchmal etwas hapert, verläßt er sich stärker auf das Gefühl. Versuchen Sie hier mit zusätzlichen Erläuterungen weiterzukommen, werden Sie bald enerviert aufgeben. Gefällt ihm jedoch Ihre Nase und sind Sie ihm sympathisch, ist es fast gleichgültig, was Sie sagen. Meist sind Vertreter dieser Interviewerspezies dankbar, wenn ihre Orientierungslosigkeit anscheinend nicht bemerkt wird, andernfalls wird das Image des zerstreuten Professors gepflegt.

Der Motivierende ist eine angenehme Abwechslung in der Reihe der unterschiedlichen Interviewercharaktere. Er ist nicht selten sozialwissenschaftlich vorgebildet und Menschenfreund aus Überzeugung. Er beherrscht die wesentlichen Gesprächstechniken und beginnt Sätze zum Beispiel mit: Wenn ich Sie richtig verstanden habe, dann meinen Sie … Er sagt nicht: Sie haben mich nicht verstanden! sondern formuliert: Ich habe mich wahrscheinlich ungenau ausgedrückt. Der Motivierende versucht, auch noch das letzte Quentchen an Fähigkeiten und Stärken aus Ihnen herauszuholen. Wenn Sie über persönliche oder fachliche Schwächen reden, wird er Ihnen klarmachen, daß noch kein Meister vom Himmel gefallen ist und Sie gemeinsam alles bewältigen werden. Sollten Sie selbst sozialwissenschaftlich vorgebildet sein, kann Ihnen das Ganze natürlich ziemlich auf die Nerven gehen, zumal wenn Ihr Gesprächspartner auch noch das einschlägige sozialwissenschaftliche Vokabular benutzt – lassen Sie es sich aber nicht anmerken!

Der Zweifler leidet chronisch unter dem Verdacht, jeder Bewerber spiele ihm eine Rolle vor und wolle ihn übers Ohr hauen. Da er davon im Grunde seines Herzens überzeugt ist, wird er viele Ihrer Angaben hinterfragen und bezweifeln, zumindest an entscheidenden Stellen wie Arbeitgeberwechsel, überlange Studienzeiten oder verschiedene Ausbildungen. Haben Sie einen solchen Gesprächspartner müssen Sie mit dem, was ich zum Thema Verkäufer in eigener Sache gesagt habe, sehr vorsichtig sein.

Der Liebenswürdige ist eine Mischung aus dem charmanten und dem motivierenden Interviewertyp. Er zeigt gerne seine guten Manieren, seine Menschenfreundlichkeit und kennt zumindest nach außen hin keine schlechte Laune. Er ist manchmal so liebenswürdig, daß man normale menschliche Regungen wie Ärger oder Unzufriedenheit bei ihm schon fast nicht mehr für möglich hält. Ist „frau“ mit einem solchen männlichen Interviewer konfrontiert, kann sie gar den Eindruck bekommen, daß gleich eine Einladung zum Essen kommt und Ihr die Aktenmappe zum Auto getragen wird. Ein Liebenswürdiger toleriert keine gereizten Untertöne. Sie können also damit sehr rasch auf Mißfallen stoßen und den Eindruck erwecken, Sie paßten nicht zu den Mitarbeitern seines Teams.

Der Entscheidungsschwache empfindet die Personalauswahl wegen ihrer Risiken und Unwägbarkeiten als außerordentlich große Belastung. Er hat vielfach einige Eigenschaften des Zweiflers: Man kann ja nie wissen, was einem die Leute so für Märchen erzählen. Der Entscheidungsschwache sammelt Fakten wie Eichhörnchen ihren Wintervorrat, immer in dem Glauben, für die endgültige Entscheidung fehlten noch diese oder jene Informationen. Er hofft, Erkenntnisse gewinnen und dann besser und fundierter entscheiden zu können, wenn er noch ein Weilchen wartet. Da es bei der Personalauswahl nun einmal Bereiche gibt, in denen es nicht auf Fakten, sondern auf das eigene Urteil ankommt, ist für einen Entscheidungsschwachen die Bürde der Verantwortung ganz besonders schwer. Interviewer dieses Schlages fragen nicht nur besonders viel, teils auch wiederholt, sie sind auch immer auf der Suche nach Beweisen. Sie können Ihnen am besten begegnen, wenn Sie freiwillig Referenzen oder schriftliche interne Beurteilungen von früheren Arbeitgebern anbieten. Vermeiden Sie es, in einem Stil zu sprechen, der als Erzählen gewertet werden könnte; orientieren Sie Ihren Vortrag stärker an einer Darlegung von Fakten.

Der letzte hier zu beschreibende Typus ist der Neugierige. Er will immer alles ganz genau wissen, wird sich also nie damit zufriedengeben, wenn Sie für eine Entscheidung „nur“ persönliche Gründe angeben, sondern macht vielfach auch vor Ihrer Privatsphäre nicht halt. Selbstverständlich empfindet er sich selbst niemals als neugierig, denn er will Sie ja nur besser kennenlernen und der Sache dienen. Solchen Interviewern gegenüber müssen Sie schon einmal sehr deutlich werden. Sagen Sie klar, daß Sie sich nicht vorstellen können, was eine Frage mit der zu besetzenden Position zu tun habe. Der Vorteil der Neugierigen ist, daß sie solche Warnungen meist akzeptieren ohne beleidigt zu sein; leider vergessen sie sie aber auch sehr schnell, so daß Sie eben noch einmal deutlich werden müssen.

Obwohl ich die Beschreibungen der Interviewertypen in der männlichen Form abgehandelt habe, gelten sie mit geringfügigen Abweichungen in gleichem Maße für Interviewerinnen. Ich möchte nochmals betonen, daß es sich um eine überspitzte Darstellung handelt, die Sie in die Lage versetzen soll, eigene Erfahrungen besser einordnen und in jeder Gesprächssituation gelassen reagieren zu können.

Checkliste

- Der Redselige: Lassen Sie sich nicht dazu verführen, nur zuzuhören und an den richtigen Stellen zu nicken.
- Der Wortkarge ist dankbar, wenn Sie die Gesprächsführung nicht nur ihm überlassen, sondern selbst dazu beitragen.
- Einen Charmeur müssen Sie als Bewerberin höflich dazu bringen, von Komplimenten auf Sachthemen umzuschalten.
- Der Unnahbare verlangt Respekt; versuchen Sie eher nicht, Nähe herzustellen.
- Der Unsichere ist dankbar für jede positive Rückmeldung Ihrerseits.
- Lassen Sie sich von einem Provokateur nicht aus der Fassung bringen: Gegenfragen sind ein gutes Mittel.
- Wenn Sie auf einen Desinteressierten stoßen, können Sie nur hoffen, daß Sie noch weitere Gesprächspartner haben werden.
- Wenn der Gestreßte Störungen des Gesprächs zuläßt: erst wieder zu sprechen beginnen, wenn die Störung vorbei ist.
- Dem Überlegenen ordnen Sie sich entweder unter – wenigstens zeitweise–, oder Sie setzen ihm viel Selbstbewußtsein entgegen.

- Versuchen Sie nicht, dem Orientierungslosen mit Erklärungen zu imponieren, sondern ignorieren Sie seine Zerstreuung.
- Lassen Sie es sich nicht anmerken, wenn der Motivierende Ihnen mit sozialwissenschaftlichem Fachvokabular auf die Nerven geht, das das letzte Quentchen Ihrer Fähigkeiten hervorlocken soll.
- Seien Sie vorsichtig, wenn Sie an einen Zweifler geraten. Er wird Fragen vielleicht wiederholen.
- Lassen Sie sich beim Liebenswürdigen zu keinem gereizten Unterton hinreißen.
- Halten Sie sich bei einem Entscheidungsschwachen an Fakten, und beeindrucken Sie mit Referenzen.
- Wenn der Neugierige zu weit geht, müssen Sie notfalls deutlich werden.

Körpersprache präzise beobachten und gezielt einsetzen

Für viele Menschen ist das Thema Körpersprache eine Art Buch mit sieben Siegeln, obwohl sich die meisten instinktiv durchaus richtig verhalten, denn es gibt einen Katalog verinnerlichter Spielregeln, die mehr oder minder Allgemeingut sind und ohne viel Nachdenken eingehalten werden. Diese Regeln tragen stark dazu bei, ein weitgehend reibungsloses Zusammenleben vieler Menschen auf engem Raum, gerade auch in Ballungsräumen, und gesellschaftlichen Umgang zu ermöglichen. Körpersprache ist also ein weitgehend unbewußtes Ausdrucksmittel. Das hat ihr auch den Ruf eingebracht, eigentlich kaum zum Lügen mißbraucht werden zu können: Sofern die Körpersprache wahrgenommen und richtig interpretiert wird, entsprechen ihre Aussagen oftmals eher der Wahrheit als das gesprochene Wort.
Wenn ich sage „wahrnehmen und richtig interpretieren“, will ich nicht dahingehend mißverstanden werden, daß Körpersprache eine Art Gebrauchsanweisung ist, etwa in dem Sinne, man müsse nur die Vokabeln erlernen, um sein Gegenüber präzise „lesen“ zu können, ohne von sich selbst etwas preiszugeben. Diese Einstellung ist grundfalsch! Das Wissen um Körpersprache eröffnet eine zusätzliche Möglichkeit der Wahrnehmung, aber nur, wenn der Beobachter selbst auch Signale aussendet, also seinerseits für einen Kommunikationsprozeß offen ist. Ich will dieses Kapitel dazu nutzen, Ihnen die einzelnen Elemente der Körpersprache kurz vorzustellen, zu erläutern, welche Aussagekraft sie haben und was Sie mit

diesem Wissen in Vorstellungsgesprächen anfangen können.
Da ist zunächst die äußere Erscheinung. Sie sagt sehr viel über das Selbstverständnis einer Person aus, zum Beispiel ob sie sich einer ganz bestimmten Gruppe zugehörig fühlt, indem sie deren typische Kleidung und Haartracht trägt. Wie jemand sich anzieht, zeigt aber auch, ob er seiner Kleidung überhaupt einen größeren Stellenwert beimißt, ob er sich gar darin bewegt, als wolle er einen falschen Eindruck vermitteln, oder ob die Situation Vorstellungsgespräch ihm extrem ungewohnt ist. Wer schon einmal für den Anlaß völlig falsch angezogen war, weiß welche negativen Gefühle daraus resultieren können. Solch eine Begebenheit zeigt sehr deutlich den Stellenwert der äußeren Erscheinung. Selbstverständlich zählt dazu nicht nur die Kleidung, obwohl sie sicherlich die größte Rolle spielt. Einen negativen Eindruck hinterlassen zum Beispiel auch strähnige Haare, angeknabberte oder schmutzige Fingernägel, zu viel oder auch gar kein Make-up, Körpergeruch oder eine Parfümwolke, extrem lange, grell lackierte Fingernägel und anderes mehr. Insgesamt hat die äußere Erscheinung einen sehr hohen Aussagewert, vor allem weil sie in erheblichem Umfang beeinflußbar ist.
Ein weiteres Element der non-verbalen Kommunikation ist die Körperhaltung. Sie kann einiges darüber aussagen, wie sicher, souverän, überlegen sich jemand fühlt – oder eben genau das Gegenteil. Auch Fröhlichkeit und gute Laune einerseits oder Traurigkeit und Resignation andererseits können einer sehr aufrechten, offenen beziehungsweise einer leicht gebeugten, in sich gekehrten Haltung entnommen werden.
Nervöse Menschen sitzen – gerade im Vorstellungsgespräch – selten locker und entspannt; vielfach findet man sie auf der berühmten Stuhlkante, so als ob sie jederzeit zum Sprung ansetzen wollten, um wegzulaufen. Es gibt aber auch das Gegenteil. Diejenigen, die ihre Nervosität überspielen wollen, setzen sich so betont lässig hin – zum Beispiel die Beine weit ins Zimmer gestreckt –, daß es schon fast flegelhaft wirkt. Sie hängen mehr in ihrer Sitzgelegenheit, als wollten sie damit deutlich machen, daß sie so rasch nichts erschüttern kann.
Richtig ist ganz allgemein, daß rangmäßig höhergestellte Menschen, zum Beispiel Vorgesetzte, in ihrer Körper- und Sitzhaltung meist mehr Raum für sich in Anspruch nehmen als andere, etwas lässiger sitzen und sich von der Körperhaltung her offener geben, weil sie sich für weniger verletzlich halten. Diese Aussage spielt übrigens noch einmal eine Rolle im Kapitel „Wie sind die Entscheidungsträger zu ermitteln?“
Eine spannende Angelegenheit ist das räumliche Verhalten eines Menschen. Haben Sie auch so Ihre Vorlieben, wenn Sie ein Kino oder einen Vortragssaal betreten? Die meisten zieht es automatisch nach rechts oder links, und sie würden sich unwohl fühlen, wären sie durch irgendwelche Umstände dazu gezwungen, auf der für Sie falschen Seite zu sitzen. Ähnliches gilt für den Platz, den sich Menschen rund um einen Tisch aussuchen. In einem Restaurant wird sich zum Beispiel derjenige, der keinen Kontakt wünscht, so hinsetzen, daß er niemanden unmittelbar im Blick hat; sucht er dagegen Gesellschaft, wird er dafür sorgen, daß er den größten Teil des Raumes einschließlich der Eingangstür im Gesichtsfeld hat. In Ver-

handlungssituationen – und eine Vorstellung gehört im Prinzip dazu – zeigen die Sitzpositionen an einem Tisch zusammen mit den räumlichen Distanzen entweder, wie die Beziehung gestaltet werden soll (Stichwörter: der Unnahbare, der Überlegene) oder wie die Atmosphäre beziehungsweise der Umgang miteinander sich im Laufe der Zeit entwickelt haben. Zu große Distanzen bei Vorstellungsgesprächen schaffen Unsicherheit, weil zu wenig Kontakt möglich ist. Ist dagegen der Abstand zu klein, entsteht das Gefühl, es werde einem zu nah auf den Pelz gerückt; das irritiert und führt fast immer zu Nervosität und Konzentrationsschwierigkeiten. Das zwischenmenschliche Leben spielt sich im großen und ganzen in vier Kreisen rund um ein Individuum ab, die jeweils eine gewisse Bandbreite aufweisen. Je nachdem, wie gut Sie jemanden kennen und wie nahe er Ihnen innerlich steht, desto näher lassen Sie ihn an sich heran. Hält jemand in einer bestimmten Begegnungssituation nicht die für ihn vorgesehene Distanz ein, führt das zu Irritation und Verunsicherung und wirkt sich negativ aus. Räumliches Verhalten ist also immer eine Mischung aus ganz individuellen Gewohnheiten und gesellschaftlichen Normen und Spielregeln.

Der Mimik eines Menschen wird zwar meist ein hoher Stellenwert beigemessen, der aber keinesfalls der Realität entspricht, denn sie ist das Element der Körpersprache, das in einem erheblichen Umfang der persönlichen Kontrolle unterliegt. Der Begriff Pokerface dürfte in diesem Zusammenhang jedem vertraut sein. Studien zu diesem Thema können Sie besonders gut abends in der Straßen- oder U-Bahn machen, wenn sich jedermann in der anonymen Menge unbeobachtet glaubt und nur noch müde ist, jedenfalls keine Rolle mehr spielen muß. Tagsüber – besonders im Beruf – leisten sich das die wenigsten Menschen. Auf Vorstellungsgespräche bezogen, mache ich einen Unterschied zwischen Mimik des Interviewers und der des Bewerbers. Letzterer wird sich meist sehr genau kontrollieren, um so wenig wie möglich Nervosität und ähnliche Gefühle durchscheinen zu lassen. Der Interviewer dagegen wird sich wegen seiner mehr oder weniger überlegenen Position weit weniger kontrollieren, so daß ein aufmerksamer Bewerber eine ganze Fülle von Hinweisen erhält: Stirnrunzeln zeigt Unverständnis oder fehlende Zustimmung an, während Lächeln unter Umständen in Kombination mit Nicken, als Zeichen für Übereinstimmung für eine gemeinsame Wellenlänge gilt. Am Gesichtsausdruck des Interviewers ist auch ablesbar, ob Sie beginnen, ihn zu langweilen, oder ob Sie zu sehr ins Detail gehen. Bedauerlicherweise sind die meisten Bewerber in der Vorstellungssituation so sehr mit sich selbst beschäftigt, daß sie ihren Gesprächspartner im wahrsten Sinne des Wortes aus dem Auge verlieren. Auf diese Art und Weise sind schon viele Kandidaten gescheitert, weil sie einfach nicht mitbekommen haben, wann ihr Gegenüber anfing, sich genervt zu fühlen.

Die Gestik ist ein ähnlich aussageschwaches Element der Körpersprache wie (gegebenenfalls) die Mimik. Es gibt bekanntermaßen Menschen, die aufgrund ihres Temperaments viel und intensiv mit den Händen reden. Andere sind in dieser Hinsicht eher sparsam, wieder andere setzen ihre Gestik sehr gezielt, sozusagen nur zum Unterstreichen ihrer Aussagen ein. Natürlich gibt es auch in diesem Bereich Verhaltensweisen, die relativ klar interpretierbar sind. Ich denke dabei an das Fingerklopfen auf der Tischplatte, das Ungeduld, Langeweile, zunehmenden Ärger ausdrückt. Keineswegs bedeutet jedoch das Verschränken der Arme grundsätzlich „Mauern“ oder Zurückhaltung. Manche sogenannte Fachliteratur will ihren Lesern weismachen, gerade Gestik – vermutlich weil sie offen sichtbar ist – sei leicht und umfassend interpretierbar. Ich will – bevor ich zum letzten, aber wichtigsten Element, dem Blickkontakt, komme – noch einmal sehr deutlich sagen, daß Körpersprache außerordentlich komplex und mehrdeutig ist. Sie ist ein Mosaik aus einzelnen Bausteinen, und da so vieles in diesem Bereich unbewußt und instinktiv abläuft, benötigen auch ernsthafte Interessenten für das Training ihrer Wahrnehmung eine ganze Weile, weil die Ausdrucksmittel zunächst einmal auf die Bewußtseinsebene hochgeholt werden müssen. Auch ist es wichtig zu wissen, daß die Einzelelemente immer in ihren Zusammenhängen zu sehen sind und erst sämtliche Faktoren gemeinsam zu einer einigermaßen gesicherten Aussage führen. Eine Wahrnehmung muß durch eine Beobachtung in einem anderen Bereich der Körpersprache einer Art Plausibilitätsprüfung unterzogen werden.

Bemerken Sie also zum Beispiel, daß Ihr Zuhörer mit den Fingern auf der Tischplatte trommelt, auf dem Stuhl hin und her rutscht und ein Gesicht macht, als ob er am liebsten flüchten wollte, dann ist es sicherlich angebracht Ihren Monolog zu beenden oder das Thema zu wechseln. Sollte jemand aber in außergewöhnlicher Weise die Arme oder die Beine übereinanderschlagen, ist er damit noch nicht automatisch verklemmt oder verschlossen.

Die stärkste Aussagekraft ist mit dem Blickkontakt verbunden. In diesem Bereich ist das Lügen nahezu ausgeschlossen. Erinnern Sie sich, daß Sie immer dann, wenn Sie einmal geschwindelt haben, tunlichst jeden Blickkontakt zu Ihrem Gegenüber vermieden haben? Oder denken Sie an Ihre letzte Fahrt in einem überfüllten Aufzug, bei der Sie sich wie in einer Sardinenbüchse gefühlt haben. Wo haben Sie damals hingeschaut? Ich gehe jede Wette ein, daß Sie den Boden, die Decke oder die gegenüberliegende Wand angesehen haben. Warum? Nun, weil Sie viel zu wenig Distanz zu fremden Menschen hatten. Da Sie jedoch in diesem Falle nichts dagegen tun konnten, mußten Sie sich davor schützen, durch Blicke Informationen auszutauschen. Sieht Sie jemand trotz dieser Spielregel in einer solchen Situation intensiv an, können Sie davon ausgehen, daß dieser jemand es darauf anlegt, ein Gespräch mit Ihnen zu beginnen. Sie sehen daran, daß Blickkontakt in sehr enger Beziehung zum räumlichen Verhalten steht. Examenskandidaten oder Bewerber empfinden aufgrund ihrer ganz besonderen Lage zu viel Nähe als bedrohlich, weil dadurch jede Unsicherheit, jede Wissenslücke, jedes Zögern oder die verräterischen Schweißperlen auf Oberlippe und Stirn sofort schonungslos enthüllt werden können. Blickkontakt auf zu große Distanz läßt einen Menschen jedoch allein, signalisiert wenig Interesse und macht unsicher, weil man selbst den anderen ja auf die Entfernung auch nicht richtig wahrnehmen kann.

Schließlich gibt es den Tonfall, der im Grenzbereich zwischen gesprochener

und Körpersprache liegt. Jeder weiß, daß die Stimme moduliert werden kann; der dadurch entstehende Tonfall bietet viele Interpretationsmöglichkeiten. Er wird meist von sehr intensiven körpersprachlichen Elementen begleitet und sollte daher Ihrer Aufmerksamkeit nicht entgehen.
Alles zusammengenommen ist nonverbale Kommunikation, nicht nur auf die Bewerbungssituation bezogen, ein faszinierendes Thema, das große Beachtung verdient.

Checkliste

- Legen Sie Wert auf Ihre äußere Erscheinung – sie sagt einiges über Sie aus, und das können Sie beeinflussen.
- Achten Sie auf Ihre Körperhaltung: Sie zeigt, ob Sie sich sicher fühlen oder nicht.
- Versuchen Sie, die richtige Distanz zu Ihrem Gesprächspartner zu finden: Rücken Sie ihm nicht zu nahe, bleiben Sie aber auch nicht zu entfernt.
- Die Mimik unterliegt weitgehend Ihrer Kontrolle – nutzen Sie das.
- Beobachten Sie die Mimik Ihres Gesprächspartners. Da er sich als Überlegener nicht so stark kontrollieren wird, erhalten Sie dadurch eine Menge Informationen.
- Überbewerten Sie die Rolle der Gestik nicht – sie ist nur ein Mosaiksteinchen der Körpersprache.
- Betrachten Sie einzelne Elemente der Körpersprache immer im Zusammenhang.
- Legen Sie großen Wert auf den Blickkontakt – er hat eine starke Aussagekraft.
- Beachten Sie den Tonfall: Er ist oft eine Interpretationshilfe.

Die kleinen und großen Katastrophen

Es ist nicht ganz leicht, die Beispiele für dieses Thema so auszuwählen, daß für jeden etwas dabei ist. Damit meine ich, daß die Wertung, ob es sich um eine kleinere oder eine größere Katastrophe handelt, sehr subjektiv ist. Trotzdem kann es einige Dinge rund um die Situation Vorstellungsgespräch geben, die jedem unangenehm oder peinlich wären.
Eine eher schon größere Katastrophe ist sicherlich das Zuspätkommen, das vielfältige selbst- oder fremdverschuldete Gründe haben kann. Es gibt diese Tage, an denen sich anscheinend alles gegen einen verschworen hat. Da fällt dann schon beim Frühstück das Brötchen – natürlich mit der Butterseite – auf die frisch gereinigte Hose, oder der Knopf am Jackett reißt ab. Bei den Damen ist es bevorzugt die erste Laufmasche seit Wochen oder ein Saftspritzer auf der Seidenbluse, selbstverständlich an gut sichtbarer Stelle. Da haben Sie nun mit sehr viel Sorgfalt Ihre Kleidung ausgesucht, und schon muß innerhalb kürzester Zeit improvisiert werden. Zu einer solchen unvorhergesehenen Verspätung kommt dann noch ein extrem langwieriger Stau. Sollten Sie absehen können, daß Ihr Termin nicht zu halten ist, oder wissen Sie es spätestens nach einer Stunde Stau auf der Autobahn, müssen Sie unbedingt anrufen und Bescheid geben. Je nach Ausmaß der Verspätung ist es ratsam, eine Verschiebung des Termins auf einen anderen Tag anzubieten. Dies gilt vor allem dann, wenn mehrere Bewerber eingeladen sind, und deshalb der Zeitplan für das erste Kennenlernen sowieso eng gesteckt war. Kommen Sie in einem

solchen Fall auch nur eine halbe Stunde zu spät, wirft das alles durcheinander. Die Konsequenz ist, daß Sie zu kurz kommen, was sicher nicht in Ihrem Sinne ist, wogegen Sie aber nichts tun können; oder der Interviewer muß sich für den Rest des Tages bei allen anderen Bewerbern für sein Zuspätkommen entschuldigen, was auch nicht angenehm ist. Also bitte nicht nur mitteilen, daß und wieviel Sie später kommen, sondern auch fragen, ob es für alle Beteiligten nicht günstiger wäre, den Termin zu verschieben! Eine positive Nachricht gibt es allerdings in diesem Zusammenhang; Da wohl jeder Verkehrsteilnehmer schon mehr oder weniger viele Stunden in diversen Staus verbracht hat, sind Unternehmen in diesem Punkte großzügiger geworden und verzichten nicht gleich ganz auf Ihren Besuch, was früher keine ungewöhnliche Reaktion gewesen wäre.

Zum Thema Kleiderordnung habe ich bereits einiges gesagt. Ehe Sie aufgrund falsch gewählter Kleidung während des ganzen Gespräches unkonzentriert sind, empfehle ich die Flucht nach vorne zu ergreifen und das Thema anzusprechen. Haben Sie zum Beispiel falsche Informationen über die diesbezüglichen Gepflogenheiten des Unternehmens erhalten oder einfach nicht genügend Erfahrung, weil Sie längere Zeit nicht mehr in einer Bewerbungssituation waren, so entspannt sich die Situation häufig, wenn Sie Ihren Irrtum freimütig zugeben. Das bringt Ihnen im schlimmsten Fall ein Stirnrunzeln ein, aber beide Seiten können sich dann den eigentlichen Themen zuwenden.

Sehr peinlich kann es werden, wenn Sie das Schweigen eines Ihrer Gesprächspartner dahingehend fehlinterpretieren, er habe sowieso nichts zu sagen. Schlägt sich das gar darin nieder, daß Sie ihn leicht gereizt von oben herab behandeln, wenn er durch eine Frage, die Sie vermeintlich bereits beantwortet haben, Ihre überaus gekonnte Selbstdarstellung unterbricht, kann es passieren, daß Sie damit ausgerechnet dem höchstrangigen Entscheidungsträger der Runde auf die Füße getreten haben. Eine solche Situation ist so schwer zu bereinigen, daß ich Ihnen nur dringend raten kann, Ihre Antworten auch im Eifer des Gefechts unter Kontrolle zu behalten.

Vermeiden Sie in jedem Fall Sätze wie: Das ist eine sehr gute Frage, für weniger humorbegabte Interviewer klingt dies außerordentlich überheblich. Folgt auf einen solchen Ausrutscher der trocken-ironische Kommentar: Danke!, ist allerhöchste Vorsicht geboten. Das beste ist, Sie streichen solche Sätze aus Ihrem Repertoire. Sollte Ihnen dennoch so etwas herausrutschen, dann hilft nur noch eine sofortige Entschuldigung.

Peinlich kann auch sein, die Namen der Interviewer, die sich Ihnen gerade vorgestellt haben, falsch auszusprechen oder gar zu verwechseln. Um eine solche Panne zu vermeiden, sollten Sie sich die überreichten Visitenkarten ganz genau ansehen, auch die darauf vermerkten Titel, Studienabschlüsse und Verantwortungsbereiche. Erhalten Sie keine Karten, lassen Sie sich die Namen nochmals nennen oder sogar buchstabieren, ruhig mit der Begründung, daß Sie alle Personen richtig ansprechen möchten. Haben Sie mehrere Gesprächspartner, legen Sie die Visitenkarten so vor sich hin, daß sie der Sitzordnung entsprechen, oder schreiben Sie die Namen entsprechend auf.

Vermeiden Sie es, Urteile oder Standpunkte ohne Aufforderung lauthals zu verkünden, sei es eine politische Meinung, die zu Verärgerung Anlaß geben könnte, sei es die Wertung einer Verhaltensweise, die vielleicht just Ihrem Gesprächspartner ein Problem ist. Das heißt keineswegs, daß Sie nicht Position beziehen sollten, wenn Sie konkret gefragt werden und wenn es sich um einen für Sie wesentlichen Punkt handelt. Aber so lange Sie noch sehr wenig über Ihre Gesprächspartner und das Unternehmen wissen, sollten Sie mit negativen oder sogar abfälligen Äußerungen jedweder Art sehr zurückhaltend sein. Es wäre sonst nicht das erste Mal, daß ein eigentlich interessierter Interviewer einmal mehr alle denkbaren Rotschattierungen im Gesicht eines Bewerbers studieren kann.

Es kann gefährlich sein, eine zu Beginn im Raum anwesende Dame grundsätzlich für die Sekretärin zu halten und entsprechend zu behandeln. Vielleicht stellt sich kurze Zeit später heraus, daß es Ihre potentielle Vorgesetzte war, mit der Sie so umgegangen sind. A propos Sekretärinnen: Lassen Sie der Vorzimmerdame immer gebührende Aufmerksamkeit zukommen! Erstens hat sie oft mehr Einfluß, als Sie sich träumen lassen; zweitens wird sie nicht selten von ihrem Chef zur Beurteilung mit herangezogen –, und dann sollte die Erinnerung an Sie positiv sein, drittens kann die Sekretärin eine wichtige Informationsquelle während der Wartezeit auf die Entscheidung sein.

Checkliste

- Wenn absehbar wird, daß Sie erheblich zu spät kommen werden, rufen Sie unbedingt an und bitten um eine Terminverschiebung.
- Wenn Sie bei der Wahl Ihrer Kleidung danebengegriffen haben, treten Sie die Flucht nach vorn an, und thematisieren Sie die Situation.
- Glauben Sie nie, daß ein Gesprächspartner, der sich nicht einmischt, auch nichts zu sagen habe.
- Vermeiden Sie jede Überheblichkeit.
- Vermeiden Sie falsches Aussprechen von Namen oder Verwechslungen, indem Sie die überreichten Visitenkarten genau anschauen.
- Verkünden Sie nicht ohne Not irgendwelche Urteile oder Standpunkte.
- Lassen Sie der Sekretärin genügend Beachtung zukommen.

Standpunkte und Vorurteile von Arbeitgebern und Personalverantwortlichen

Ich war und bin der Überzeugung, daß Vorurteile und Standpunkte, von denen man weiß, eigentlich nur noch halb so schlimm sind und daß man ihnen mit etwas Intelligenz und Vorbereitung ganz gut begegnen kann. Manchmal kann es sogar Wunder wirken, bestimmte wahrgenommene Ansichten auszusprechen und auf den Punkt zu bringen. Eine Formulierung könnte lauten: Ich werde in unserem bisherigen Gespräch den Eindruck nicht los, daß Sie für die vakante Position lieber jemanden mit einem anderen Studienabschluß oder einer anderen Ausbildung hätten. – Entweder wird Ihnen Ihr Gesprächspartner recht geben und sogar von Ihrer Vorgehensweise erkennbar beeindruckt sein, oder Sie können an der Art und Weise seines Protestes ablesen, ob Sie auf der richtigen Spur sind.

Ich will nachfolgend einige Standpunkte und Vorurteile aufzeigen, die Ihnen zumindest als Anhaltspunkte dienen können. Praktisch alle Firmenvertreter, ob aus der Geschäftsleitung oder aus der Personalabteilung, sind davon überzeugt, sehr mitarbeiterorientiert eingestellt zu sein und zu handeln. Selbst wenn das Unternehmen insgesamt in dieser Hinsicht nicht gerade als vorbildhaft gesehen wird, nehmen sich fast alle Führungskräfte davon aus. Auch wenn sie absolut nicht mitarbeiterorientiert handeln, sind sie gleichwohl vom Gegenteil überzeugt. Es ist wichtig für Sie, das zu wissen. Ein weiterer Punkt ist die illusorische Vorstellung, nur längerfristig im Unternehmen verbleibende Mitarbeiter einstellen zu wollen, obwohl zum Beispiel geringe Aufstiegsmöglichkeiten vorhanden sind und es manchmal besser sein kann, jemanden gehen zu lassen, statt ihn auf Dauer zu unterfordern. Praktisch alle Firmenvertreter glauben daran, Mitarbeiter im Unternehmen müßten sich Anerkennung und Sympathie, aber auch besondere Gehaltszahlungen verdienen – also: Belohnung für überdurchschnittliche Leistung. In diesem Zusammenhang kann es übrigens imponieren, wenn Sie sich in der Verhandlung mit einem geringeren Anfangsgehalt einverstanden erklären und eine Erhöhung erst nach Bewährung in der Probezeit vereinbaren. Sie treten damit in Vorleistung, weil Sie die mangelnde Einschätzbarkeit Ihrer Leistungsfähigkeit ernst nehmen – gerade bei wenigen Berufsjahren – und gleichzeitig genügend Selbstbewußtsein signalisieren, Ihre Kenntnisse und Fähigkeiten auf den Prüfstand zu stellen.

Die vorgenannten Standpunkte sind eigentlich relativ leicht nachzuvollziehen, wenn Sie sich einmal ernsthaft in die Position des Arbeitgebers und in seine Motive bei der Personalauswahl hineinversetzen. Angst davor, daß Sie sich zu positiv darstellen, daß man nicht hinter die Fassade sehen kann, gilt es – sofern das möglich ist – durch vertrauenbildende Maßnahmen auszuräumen, wie im Beispiel mit der Gehaltserhöhung nach der Probezeit.

Komplexer und zum Teil irrationaler sind Vorurteile. Ich werde hier differenzieren zwischen allgemeinen Vorurteilen gegenüber Bewerbern beziehungsweise zukünftigen Mitarbeitern und geschlechtsspezifischen Vorurteilen speziell gegenüber Bewerbern auf der einen und Bewerberinnen auf der anderen Seite. Die letzteren sind am schwersten greifbar; daher werde ich sie nochmals unterteilen in Arbeitgebervorurteile, die auch durchaus von Personalchefinnen vorgebracht werden, und solche von Männern allgemein, unabhängig von ihrer Funktion im Unternehmen.

Beginnen wir mit den allgemeinen Vorurteilen, denen es zu begegnen gilt. In sie fließen bereits in erheblichem Umfang die Besonderheiten der eigenen Persönlichkeit, ungeprüfte Ansichten und persönliche Erfahrungen mit ein, so daß sie häufig so schwer greifbar sind. Typische Vorurteile dieser Art können sein: Kurzfristige Arbeitgeberwechsel deuten auf einen Job-Hopper hin. Bestimmte Studiengänge an bestimmten Hochschulen können nichts Richtiges sein. Hat jemand zwei Ausbildungen absolviert, weiß er wohl nicht genau, was er will. Ist jemand sehr lange an einem Schreibtisch beziehungsweise bei einem Aufgabengebiet geblieben, fehlt ihm anscheinend der richtige Biß in bezug auf seine Karriere. Wer sehr schnell befördert wurde, ist entweder ein typischer Protégé und hat alle Wege geebnet bekommen oder ein eiskalter Karrierist, der im Zweifelsfall über Leichen geht. Hat jemand in seiner beruflichen Laufbahn laut Positionsbezeichnung anscheinend einen Rückschritt getan, ist er nicht durchsetzungsfähig oder nicht ehrgeizig genug. Je nach Persönlichkeit des Interviewers – siehe das Kapitel „Eine kleine Typologie der Interviewer“ – stößt das eine oder andere Verhalten auf Mißfallen: Ein nicht besonders kräftiger Händedruck wird als unangenehm empfunden und mit entsprechend negativen Eigenschaften wie zu großer Weichheit verbunden. Schwierig auszuräumen ist vor allem auch die Unterstellung, daß vermeintlich überqualifizierte Bewerber sich in einer bestimmten Position langweilen und bald wieder kündigen werden.

Spezifische Vorurteile gegenüber männlichen Bewerbern sind zum Beispiel bei dynamischem Auftreten: Da wird jemand sofort an meinem Stuhl sägen!, bei vergleichsweise steiler Karriere: Der wird uns sehr schnell wieder verlassen, weil wir ihm nicht genug bieten können! oder: Der spielt doch sofort alle an die Wand! – Trägt der Bewerber auch noch einen eleganten Anzug einer bekannten Marke, kann es sich mit Sicherheit nur um einen arroganten Schnösel handeln, der sich selbst die Finger nicht schmutzig macht.

Bei Bewerberinnen wird es noch ein wenig schwieriger, weil allgemeine Arbeitgebervorurteile einerseits und typische Männervorurteile andererseits zusammenfallen können; das macht einem als Frau eine differenzierte Wahrnehmung und eine angemessene Reaktion außerordentlich schwer. Als weit verbreitete Vorurteile können gelten: Frauen lassen sich durch das Unternehmen qualifizieren, und wenn sie anfangen nützlich zu sein, werden sie schwanger. Frauen stehen aufgrund ihrer Doppelbelastung und ihrer grundsätzlich privaten Orientierung nicht zur Verfügung, wenn man sie braucht. Frauen haben keine konkreten beruflichen Ziele; sie gehen so gut wie nie ein Risiko ein. Sie sind wenig belastbar und flüchten häufig in Krankheiten. Man muß sich als Arbeitgeber und Vorgesetzter permanent intensiv um sie kümmern, sonst fällt die Leistung ab. Sie reagieren wie ein Seismograph auf atmosphärische Störungen. Man kann Frauen so gut wie nie versetzen oder gar ins Ausland schicken.

Die typisch männlichen Vorurteile sind meist eine sehr gefährliche Mischung aus Erziehung, Glauben und einer Prise Erfahrung, die häufig auf der Basis selektiver Wahrnehmung entstanden ist. Danach sind Frauen zu emotional, brechen gleich in Tränen aus, wenn man sie mal kritisiert, handeln nicht logisch (was auch immer das heißen mag), können sich nicht durchsetzen, sind konfliktscheu, haben ein extremes Harmoniebedürfnis (und wo gibt es schon Harmonie im Berufsleben?), reden zu viel, haben einen sozialen Tick, sind ausschließlich menschenorientiert, wenig entscheidungsfreudig und lassen schließlich eine erkennbare berufliche Planung vermissen, so daß man mit ihnen über Laufbahn und Karriere schlecht reden kann. Was davon vielleicht auf Sie zutrifft, müssen Sie selbst beurteilen. Mir kommt es bei diesem Kapitel vor allem darauf an, Ihnen Anhaltspunkte für ein unter Umständen merkwürdiges Verhalten auf Interviewerseite zu geben beziehungsweise den Hintergrund bestimmter – eventuell penetranter – Fragen aufzuhellen.

Abschließen möchte ich diese Aufzählung mit einigen Hinweisen, wie Sie reagieren können. Hat zum Beispiel das artikulierte (oder gespürte) Vorurteil einen harten Kern im Sinne einer tatsächlichen Schwachstelle, so können Sie darauf hinweisen, daß Ihnen diese bekannt ist und Sie an einer Verbesserung arbeiten. Eine andere Variante ist es, ein Vorurteil sozusagen verbal vorwegzunehmen, zum Beispiel in der Form: Ich könnte mir vorstellen, daß Sie aufgrund meines Lebenslaufes auf einen typischen Job-Hopper schließen. Es gibt da aber einige Gründe, die ich Ihnen gerne erläutern würde und die das Bild vielleicht zu meinen Gunsten verändern. Bei einer solchen offensiven Strategie und Argumentation dürfte Ihnen uneingeschränkte Aufmerksamkeit sicher sein. Aber selbst, wenn sich keine Möglichkeit bietet, sie offen anzusprechen, weisen bestimmte Fragen auf ein konkretes Vorurteil hin, und Sie haben dann zumindest die Chance, durch geschicktes Informieren und Argumentieren einiges zu korrigieren. Es ist auch durchaus erlaubt, atmosphärische Störungen, die durch solche Vorurteile entstehen, zu thematisieren und auszusprechen, daß Sie sich unbehaglich fühlen und warum. Allerdings gebe ich zu, daß dazu schon eine gewisse Portion Selbstbewußtsein gehört und dieser Weg nicht jedem möglich ist.

Es sollte sich Ihnen einprägen, daß Vorurteile und von Arbeitgeberseite aus vorgeprägte Standpunkte großenteils keine Phantome sind, sondern handfeste und durchaus ernstzunehmende Erwartungen an Sie und zugleich Befürchtungen, denen Sie am besten offensiv und konstruktiv begegnen.

Checkliste

- Firmenvertreter verhandeln in der Regel nach dem Motto: Belohnung gegen überdurchschnittliche Leistung. Sie halten sich meist für sehr mitarbeiterorientiert.
- Rechnen Sie mit Vorurteilen gegen zu häufige oder zu seltene Arbeitgeberwechsel, gegen bestimmte Hochschulausbildungen, gegen Mehrfachqualifikationen und schnelle Beförderungen.
- Frauen treffen häufig immer noch auf die Vorurteile, wenig belastbar, aufgrund ihrer Doppelbelastung nicht voll einsetzbar und zu emotional zu sein.
- Versuchen Sie, möglichen Vorurteilen zuvorzukommen.

Männer- und Frauentypisches rund um das Vorstellungsgespräch

Als ich mein vorletztes Buch „Bewerbungsstrategien für Frauen“ schrieb, hatte ich anfangs ganz massive Zweifel, ob mir zum Thema frauenspezifische Bewerbungsprobleme überhaupt etwas einfallen würde. Zu meiner Überraschung mußte ich feststellen, daß ich nicht – entgegen meiner Befürchtung – drei Tage am Bleistift nagen mußte, sondern ich eigentlich in sehr kurzer Zeit eine ganze Menge zu Papier brachte. Obwohl sich das Qualifikationsniveau von Frauen in den letzten Jahren in sehr bemerkenswerter Weise nach oben entwickelt hat, scheinen sie doch nach wir vor „persönliche Verkaufsprobleme“ zu haben. Dazu gehören nicht nur die Selbstdarstellung, sondern auch das Anmelden von Forderungen und das Erkennen und Wahrnehmen von Chancen und Vorteilen. Große Probleme bei Vorstellungsgesprächen verursachen aber auch die mangelhafte Vorbereitung in bezug auf Entscheidungsprozesse und der deshalb häufig fehlende rote Faden im Lebenslauf. Frauen lassen sich in ihren beruflichen Entscheidungen zu sehr von anderen, ihnen nahestehenden Personen beeinflussen. Diesen Mangel an Selbstbewußtsein versuchen sie durch permanente Fortbildung auszugleichen. Dabei scheinen sie Zertifikate zu sammeln, die aber in keiner Weise erkennen lassen, daß damit nicht nur etwas für das Selbstbewußtsein, sondern auch für den beruflichen Aufstieg getan werden sollte. Einzelne berufliche Entscheidungen haben zum Beispiel viel mit Rücksichtnahme auf bestimmte Personen zu tun und sind daher für Außenstehende nicht ohne weiteres nachvollziehbar. Zur mangelhaften Verkaufstechnik und Eigenwerbung gesellt sich die falsche Neigung zum Understatement, die sich in Erklärungen zeigt, wie: Ich tue nur meine Pflicht. Es war eben gerade kein anderer da. Das war doch eigentlich gar keine so große Leistung. Wird „frau“ dann schließlich mit einer größeren und verantwortungsvollen Aufgabe betraut, möchte sie vielfach von ihren Vorgesetzten vorab die Bestätigung dafür haben, daß sie diese auch tatsächlich schaffen wird. Der bei Frauen sehr ausgeprägte Hang zum Perfektionismus läßt sie in Tagesproblemen und der perfekten Erledigung der auf dem Schreibtisch liegenden Arbeiten steckenbleiben, so daß sie wirkliche berufliche Chancen oftmals gar nicht erst erkennen, geschweige denn verwirklichen. Erschwerend hinzu kommen die zu geringe Klarheit über die beruflichen Pläne, das häufig familiär bedingte wechselnde Engagement im Beruf, eine gewisse Risikoscheu und die daraus resultierende übergroße Vorsicht bei Entscheidungen und beim Wahrnehmen von Chancen.

Andererseits gibt es natürlich auch frauenspezifische Vorzüge. Ihre soziale Einstellung zum Beispiel verhilft Frauen zu stärkerer Rückendeckung bei Entscheidungen, die ihre Mitarbeiter strapazieren beziehungsweise wenn diese mitziehen müssen. Ihre vielfach größere Sensibilität für Atmosphärisches lassen sie gegensteuern, bevor eine Situation völlig verfahren ist. Ein weiterer Vorteil besteht darin, daß Frauen in der Lage sind, zugunsten einer Gruppe auch einmal in die zweite Reihe zu treten und Erfolg teilen können.

Um die Unterschiede zu Männerspezifischem deutlich zu machen, ist wohl gerade der letztgenannte Punkt eine sehr gute Überleitung. Männer wollen immer und in erster Linie Sieger sein. Zu diesem Zweck – das heißt, damit ein entsprechender Eindruck entsteht beziehungsweise gewahrt bleibt – tun sie im Vorstellungsgespräch Dinge, die mich fatal an Balzverhalten oder Pfauenradschlagen erinnern. Es ist manchmal anstrengend als Interviewer, langen Monologen zur Selbstdarstellung geduldig zuzuhören. Männer wollen zunächst einmal den Eindruck erwekken, daß es wenig gibt, das sie nicht beherrschen, und sie sind der festen Überzeugung, daß eventuelle Schwächen entweder gar nicht erst auffallen oder mit Leichtigkeit ausgeglichen werden können. Was Frauen an Selbstbewußtsein fehlt, haben viele Männer (manchmal ungerechtfertigterweise) im Übermaß. Vergleichbares gilt für ihren ausgeprägten Opportunismus. Wird ein Mann im Interview nach einer beruflichen Niederlage gefragt, aus der er bestimmte Dinge gelernt hat, denkt er meist sehr überrascht mehrere Sekunden intensiv und angestrengt nach, um dann mit strahlendem Lächeln zu versichern, richtige Niederlagen habe er eigentlich bisher keine erlebt. Bei Männern hat man das Gefühl, daß die meisten eigentlich nur noch in Karriere-Aspekten denken können, sich daher viel zu wenig mit wirklicher Detailarbeit beschäftigen und folglich von allem etwas wissen. Ein weiteres Manko bei Männern ist ihre vielfach durch fehlende Sensibilität eingeschränkte Wahrnehmungsfähigkeit. Auch kann man ihnen in der Regel nicht vorwerfen, daß sie sonderlich risikobewußt oder gar übervorsichtig seien. Doch selbstverständlich haben Männer auch positive Eigenschaften, so zum Beispiel ihre große Zielstrebigkeit, ihr wesentlich stärker an der Zukunft orientiertes Denken und ihre durchaus sinnvollen Kosten-Nutzen-Überlegungen.

Fazit aus diesen Ausführungen könnte sein, daß Männern etwas mehr Zurückhaltung und Bescheidenheit, Frauen dagegen etwas mehr Selbstbewußtsein und berufliche Strategieüberlegungen wohl anstehen würden.

Checkliste

- Nehmen Sie als Frau Ihre Chancen wahr, und melden Sie Forderungen an.
- Werden Sie sich als Frau darüber klar, was Sie wollen, und geben Sie dadurch Ihrem Lebenslauf einen roten Faden.
- Versuchen Sie als Frau, der Neigung zum Understatement, dem Hang zum Perfektionismus und übergroßer Vorsicht zu entgehen.
- Stellen Sie Ihre frauenspezifischen Qualitäten in den Vordergrund: soziale Einstellung, Sensibilität für Atmosphärisches, Fähigkeit zur Gruppenarbeit.
- Vermeiden Sie als Mann Selbstdarstellungsmonologe und übermäßiges Selbstbewußtsein.
- Geben Sie als Mann auch einmal eine Niederlage zu, und denken Sie nicht nur in Karriereaspekten.
- Legen Sie als Mann Ihre Zielstrebigkeit und Ihre Kosten-Nutzen-Überlegungen in die Waagschale.

Welche Bewerber werden als problematisch angesehen?

Es kann vielerlei Gründe geben, warum in einem Vorstellungsgespräch keine gemeinsame Wellenlänge gefunden wird. Darüber hinaus gibt es aber Vorstellungsgespräche, die aufgrund bestimmter Verhaltensweisen von Kandidaten einfach nur noch als enervierend bezeichnet werden können. Eine Kategorie anstrengender Bewerber sind zum Beispiel Damen, die sich – ob bewußt oder unbewußt – daran gewöhnt haben, mit einer gewissen Naivität und Weltfremdheit zu kokettieren. Sie appellieren damit an Beschützerinstinkte, was die meisten Interviewer ganz besonders ärgerlich werden läßt, wenn sie merken, daß sie zunächst reflexartig darauf reagiert haben. Das wird als unzulässige Manipulation gewertet, und die Reaktion ist entsprechend allergisch.

Ebenso allergisch reagieren die meisten Interviewer auf eine Selbstdarstellung ohne Punkt und Komma, auf solche Bewerber also, die in jeder Lebenslage die Größten sind und für die es nichts gibt, das sie nicht fest im Griff haben. Sie beantworten selten die ihnen gestellten Fragen – sollte man überhaupt mit einer durchgedrungen sein –, denn dafür hören sie gar nicht genau genug zu. Sie reden einfach da weiter, wo sie unliebsamerweise unterbrochen wurden. Wer so selbst gar nicht mehr zu Wort kommt, hat spontan den Eindruck, eigentlich den Raum verlassen zu können; sicherlich nicht gerade die ideale Basis für ein Gespräch. Nervend sind auch Bewerber, die mit einer mehrseitigen Fragenliste kommen. Wohlgemerkt, ich habe keine Probleme mit gut vorbereiteten Kandidaten. Aber diejenigen, die nach einer halben Stunde ununterbrochenen Fragens auf den mehrfachen Hinweis, daß diese oder jene Einzelheit doch einem weiteren Gespräch vorbehalten bleiben sollte, überhaupt nicht reagieren, möchte jeder Interviewer eigentlich nur noch mit spitzem Finger aus dem Zimmer entfernen. Solche Dauerfrager sind auf eine bestimmte Art unerbittlich und penetrant.

Eine weitere anstrengende Spezies sind Bewerber, die nach einer Frage, die sie eigentlich zum Reden animieren sollte, in einem vollständigen Satz mit Subjekt, Prädikat und Objekt antworten, dann einen hörbaren Punkt machen und ihren Gesprächspartner erwartungsvoll ansehen, was er denn noch wissen wolle. Bei solchen Kandidaten überkommt den Interviewer eine gewisse Verzweiflung, kann er doch seine mehr oder minder mühsam erlernten Gesprächstechniken vergessen, da sie offensichtlich nicht wirken.

Weniger als problematisch, eher schon als erstaunlich werden Bewerber angesehen, die im Vergleich zu den vorgenannten anscheinend überhaupt nichts genauer wissen wollen. Ihnen Zeit für Fragen einzuräumen oder sie deutlich dazu zu ermuntern, ist meist vergebliche Liebesmüh.

Als sehr schwierig werden auch Bewerber empfunden, die – vielleicht aufgrund tatsächlicher negativer Erfahrungen – permanent auf der Hut sind und schon bei jeder einfachen Verständnisfrage leicht gereizt reagieren. Sie machen vor allem durch Körpersprache deutlich, daß Sie sich ungerechtfertigterweise in der schwächeren Position fühlen, das überhaupt nicht mögen und deshalb nach der Methode

„wehret den Anfängen“ vorgehen: Abwehrhaltung bis hin zum gereizten oder gar aggressiven Tonfall sozusagen als Präventivmaßnahme.
Bewerber, die vor lauter Angst schon nicht mehr „geradeaus denken“ können, sind eine weitere Problemgruppe. Hier ist es nicht mehr mit einigen netten einführenden Sätzen getan, hier helfen vielfach nur noch psychologisch geschulte Interviewer; im schlimmsten Fall kommt es zum Abbruch des Gespräches, weil unter diesen Rahmenbedingungen sowieso kein vernünftiger und realistischer Eindruck zu gewinnen ist.
Vielleicht hat diese Aufzählung, die wie immer keinen Anspruch auf Vollständigkeit erhebt, Ihnen ein gewisses Verständnis für die nicht immer einfache Situation der Gegenseite vermittelt.

Checkliste

- Kokettieren Sie als Frau nicht mit Naivität.
- Reden Sie nicht ununterbrochen.
- Kommen Sie nicht mit einem mehrseitigen Fragenkatalog in das Gespräch, erwecken Sie aber durch zu wenige Fragen auch nicht den Eindruck von Desinteresse.
- Lassen Sie Ihre Antworten nicht zu knapp ausfallen.
- Vermeiden Sie eine Abwehrhaltung gegenüber den Fragen Ihres Gesprächspartners.
- Versuchen Sie, übergroße Ängste abzubauen, die einem Interviewer das Gespräch fast unmöglich machen.

Welche Fragen und Themenbereiche werden angesprochen?

Ich erwähnte bereits in einem früheren Kapitel („Der klassische Gesprächsverlauf“), daß der klassische Ablauf eines Vorstellungsgespräches mehr oder weniger am Anfang die persönliche Darstellung Ihres Lebenslaufes vorsieht; ob vor oder nach einer kurzen Vorstellung des Unternehmens ist unterschiedlich. Dieser kommentierte Lebenslauf wird dann entweder während Ihrer Berichterstattung oder im Anschluß daran hinterfragt, entweder weil etwas unklar geblieben ist, weil Ihr Gesprächspartner Genaueres wissen will oder weil es in einem Punkt besondere Berührungspunkte zu der offenen Position oder zum Interviewer selbst gibt.
Bestimmte Themenbereiche werden entweder von Ihnen selbst oder vom Interviewer mit schöner Regelmäßigkeit angesprochen, wobei die Reihenfolge variabel ist. Da ist zunächst die Ausbildung. Von besonderem Interesse sind für zukünftige Arbeitgeber die Motive Ihrer Berufswahl, die Ausbildungsdauer und gegebenenfalls -umwege, eventuelle Doppelqualifikationen oder Studienfachwechsel, die Wahl der Studienschwerpunkte, Prüfungsergebnisse und anderes mehr. In diesem Bereich kann die Diskussion für Sie durchaus schon einmal haarig werden, dann zum Beispiel, wenn Sie sich mit irgendeiner Entscheidung im Ausbildungsbereich gründlich verkalkuliert haben, dies aber aus irgendwelchen Gründen nicht unbedingt zugeben wollen. Berücksichtigen Sie, daß Ihnen aufgrund Ihres damaligen Alters Fehlentscheidungen meist eher verziehen werden, als wenn Sie sich trotz zunehmender Erfahrung

einen Flop geleistet haben. Bei diesem Thema können sich viele positive, aber auch negative Weichenstellungen ergeben. Hat zum Beispiel Ihr Gesprächspartner dieselbe Universität besucht oder schätzt er deren Studienangebot aus anderen Gründen, gibt das schon ganz zu Anfang des Gespräches Pluspunkte; ebenso denkbar ist jedoch auch das Gegenteil: Eine aus Sicht des Interviewers falsche Studienwahl, eine Ausbildung bei einem Betrieb mit nicht gerade optimalem Ruf, durchschnittliche Examensnoten, und schon werden Sie womöglich in die Kiste „höchst mittelmäßig“ gesteckt. Kommt dann zu irgendeinem Zeitpunkt des Gespräches ein weiterer „Fehler“ hinzu, bedeutet das aller Voraussicht nach das Aus.

Der nächste große Themenbereich betrifft Kenntnisse und Zusatzqualifikationen, die Sie im Verlaufe Ihrer Berufstätigkeit erworben haben. Dazu zählen zum Beispiel Fremdsprachen, Auslandserfahrungen, EDV-Kurse, ein Abschluß zum Bilanzbuchhalter und anderes mehr. Der Bogen reicht dabei von einer Fortbildung, die nur wenige Tage in Anspruch nahm, bis hin zu zusätzlichen Examina und Prüfungen. Von Interesse ist für einen Arbeitgeber nicht nur, was Sie konkret gemacht haben, sondern auch, ob Sie sich kontinuierlich weitergebildet haben. Ebenso wichtig sind für ihn Antworten auf Fragen wie: Von wem ging die Initiative aus? War der Lehrgang mit einigen Mühen verbunden? War er mehr geisti-

ge Anregung, oder richtete er sich gezielt auf eine neue Funktion oder ein erweitertes Verantwortungsgebiet? Diente die Anstrengung dem Schließen selbst festgestellter Lücken, oder sind Sie von einem früheren Arbeitgeber geschickt worden? – Es kann Ihnen dabei durchaus passieren, daß Sie es mit einem Profi auf dem betreffenden Gebiet zu tun haben und das Gespräch mit einer Fachsimpelei weitergeht. Von daher ist aber auch äußerste Vorsicht geboten beim Angeben von Zusatzkenntnissen und Qualifikationen.
Ganz besonders gefährlich sind in dieser Hinsicht Fremdsprachen. Was machen Sie, wenn Ihr Gesprächspartner plötzlich in Französisch weiterspricht, weil er drei Jahre in Frankreich gearbeitet hat und Sie verkündet haben, fließend Französisch zu sprechen? Sie können sich vermutlich das Ausmaß der Blamage leicht vorstellen, falls Sie etwas aufgeschnitten haben.
Das Kernstück des Gespräches bilden meist die Themen Berufserfahrungen und praktische Kenntnisse. Dieser Bereich ist so wichtig, daß Sie sich als Anfänger überlegen sollten, ob es irgendwelche Zeiten in Ihrem Werdegang gibt, die als Praxis im weitesten Sinne gewertet werden können. Das bedeutet, daß Sie wenn möglich nicht beliebig Praxis sammeln, sondern sich so früh wie möglich überlegen sollten, was unter dem Aspekt Erfahrung für den von Ihnen angestrebten Berufsbereich sinnvoll wäre.
Zu den wesentlichen Interessen des Interviewers gehört die Frage, ob Ihre bisherigen beruflichen Entscheidungen und Arbeitgeberwechsel geplant und mit einer klar erkennbaren oder zumindest durch Erläuterungen nachvollziehbaren Zielsetzung verbunden sind. Damit meine ich nicht die absolut stromlinienförmige Aufsteigerkarriere; auch vermeintliche Umwege sind erlaubt, wenn Sie entweder glaubhaft machen können, daß Sie dabei etwas mitgenommen haben oder erläutern können, warum Sie sich mal geirrt haben (vergleiche die Kapitel „Wie mit persönlichen Schwachstellen umgehen?“ und „Wieviel Ehrlichkeit ist angebracht beziehungsweise geboten?“).
Von ganz besonderem Interesse sind Motive und Argumente für Ihre Arbeitgeberwechsel. Auch hierzu sollten Sie noch einmal kurz in das zuletzt genannte Kapitel hineinschauen, weil es auf diesem Gebiet ganz bestimmte Spielregeln gibt.
Die meiste Zeit des Gesprächs nimmt sicherlich Ihre Berichterstattung über die während Ihrer bisherigen Berufstätigkeit erworbenen Kenntnisse ein. Sie werden Aufgabenstellungen und Verantwortungsbereiche bei Ihren verschiedenen Arbeitgebern erläutern müssen. Kritisch werden die Fragen in der Regel immer dann, wenn Sie trotz vergleichsweise hoher Qualifikation – mehrere Jahre lang exakt den selben Schreibtisch besetzt haben, ohne daß sich zum Beispiel Ihr Aufgabengebiet verändert oder erweitert hat oder zumindest eine Weiterbildung erfolgt ist. Dies läßt – aus Sicht des neuen Arbeitgebers – gewisse Zweifel an Ihrem Ehrgeiz und an Ihrer Entwicklungsfähigkeit aufkommen, die nur sehr schwer auszuräumen sind. Langjähriges Verharren in einer Position läßt sich allerdings durchaus mit einem berufsbegleitenden und somit Zeit und Energie erfordernden beruflichen Abschluß oder einer anspruchsvollen längerfristigen Weiterbildung begründen. Ganz wichtig ist ferner das Herausarbeiten von

Kenntnissen und Erfahrungen, die für die zur Diskussion stehende Position wesentlich sind. Auch in diesem Zusammenhang möchte ich wieder auf ein vorangegangenes Kapitel verweisen („Der Warenkorb der persönlichen Kenntnisse, Erfahrungen und Fähigkeiten“), in dem ich einiges zur Auswertung bisheriger beruflicher Praxis gesagt habe. Es muß Ihnen gelingen, mit Ihrer Berichterstattung Interesse zu wecken und gleichzeitig präzise zu Fragen Stellung zu nehmen, ohne jedoch weitschweifig zu werden. Das Geheimnis liegt darin, es Ihrem Gesprächspartner zu überlassen, wann und wo er in die Tiefe gehen will; Sie signalisieren auf diese Weise Rücksicht auf seine knapp bemessene Zeit, verhalten sich gleichsam kundengerecht und gehen auf seine Bedürfnisse ein. Damit laufen Sie auch nicht so leicht Gefahr, an einer Stelle, die Ihnen ganz besonders am Herzen liegt, ins Schwafeln zu geraten, obwohl vielleicht gerade dieser Punkt wenig relevant für die zu besetzende Position ist.

Der nächste Themenkomplex kommt nur in ganz bestimmten Gesprächen vor, nämlich wenn es darum geht, eine leitende Position zu besetzen. Ihre Führungsfähigkeit läßt sich naturgemäß nur sehr schwer in einem Vorstellungsgespräch überprüfen; wenn Sie aber bereits konkrete Erfahrungen nachweisen können, zum Beispiel als Gruppenleiter, und Ihre ersten Fehler – natürlich nachfolgend korrigiert – hinter sich haben, läßt sich darüber nicht nur viel berichten, sondern auch für zukünftige Entwicklungen einiges ableiten.

Stereotyp vorgehende Interviewer fragen Sie nach Ihrer Führungsphilosophie und laufen damit Gefahr, daß Sie irgendwelche Lehrbuchweisheiten nacherzählt bekommen, sozusagen die Theorie statt der Praxis. Etwas einfallsreichere Leute – und auch die soll es unter Personalchefs und Fachmanagern geben – fragen nach konkreten Situationen oder geben einen konstruierten Fall vor und lassen sich erläutern, wie Sie mit diesem Problem umgehen würden. Zum Thema Führung und erste Führungsfehler dürfen Sie durchaus recht freimütig reden, ohne daß Ihnen dies schaden wird. Das hat damit zu tun, daß die meisten Interviewer selbst in einer solchen Situation gewesen sind oder noch sind. Sie würden dies vielleicht nie zugeben, bringen andererseits aber durchaus Verständnis für die diesbezüglichen Fehler anderer auf, sozusagen in Erinnerung der eigenen. Vielleicht empfinden Sie sogar so etwas wie Respekt davor, wenn jemand die Souveränität aufbringt, darüber zu reden. Ganz wichtig ist nur, daß Sie gleichzeitig deutlich erklären, was Sie daraus gelernt und anschließend verändert haben.

Kommen wir zu einem weiteren, wiederum sehr bedeutenden und gewichtigen Teil des Interviews, Ihrer Motivation für die ausgeschriebene Position. Hier begegnen Ihnen Fragen wie: Was hat Sie an der ausgeschriebenen Position gereizt? Welche Inhalte, welche Formulierungen in der Anzeige haben Sie besonders angesprochen? Was wissen Sie über uns? Wie beurteilen Sie die zur Diskussion stehende Funktion im Rahmen Ihres beruflichen Werdegangs? Welche Eigenschaften sind Ihnen bei Ihrem zukünftigen Vorgesetzten wichtig? Welche Anforderungen stellen Sie an einen Arbeitgeber? Für welche Anforderungen der neuen Position sehen Sie noch Lern- beziehungsweise Entwicklungsbedarf? Ich gebe zu, dies sind die Fragen von Profis, denen an einem wirklichen Gespräch mit Ihnen liegt; dies sind eben die Interviewer, die am anspruchsvollsten sind und folglich eine sorgfältige Vorbereitung erfordern. Merken Sie sich einfach, daß zum Thema Motivation die meisten Warum-Fragen an Sie gestellt werden. Besonders schwierig für einen Interviewer abzuklären ist die Persönlichkeit des Bewerbers. Die fast schon klassische Frage nach den individuellen Stärken und Schwächen ist bei guter Vorbereitung leicht zu beantworten. In nahezu jedem Bewerbungsbuch steht, welchen Schwächen bei entsprechender Betrachtung noch eine deutlich positive Seite abzugewinnen ist, wie zum Beispiel der Ungeduld. Schwieriger zu beantworten sind da schon folgende Fragen: Welche Schwachstellen möchten Sie bei sich unbedingt noch beseitigen, und mit welchen haben Sie sich abgefunden? Wie setzen Sie eine persönliche Überzeugung durch? Was motiviert Sie zu außergewöhnlichen Leistungen? Nennen Sie einige für Sie wichtige ideelle Werte! Wie machen Sie Urlaub? Was würden Sie über Ihre Kontaktfähigkeit sagen? Was für ein Lerntyp sind Sie? – Auch dies ist eine anspruchsvollere Palette von Fragen. Ich gebe allerdings gerne zu, daß es manchmal schwieriger und anstrengender sein kann, die einfachen Fragen zu beantworten, weil man in der konkreten Gesprächssituation tatsächlich nicht weiß, wie man dabei über ein Ja oder ein Nein hinauskommen soll. Trotzdem bin ich der Überzeugung, daß es sich für Sie lohnen wird, bei den qualifizierteren mithalten zu können, damit Sie – wann immer möglich und aus Ihrer Sicht erforderlich – Ihren Gesprächspartner in die eine oder andere Richtung lenken können.

Den Rest stellen dann die formalen Themen: Gehaltsvorstellungen, Kündigungsfrist, möglicher Termindruck wegen anderer Bewerbungsgespräche (Sie dürfen und sollten an diesem Punkt sehr offen sein; gezielte weitere Bewerbungen sprechen eher für Sie) und schließlich die klassische, wenn auch manchmal in Vergessenheit geratene Aufforderung Ihrerseits Fragen zu stellen. Wenn Sie dann gar nichts wissen wollen, kann dies einen bis dahin insgesamt positiven Eindruck durchaus noch relativieren; also seien Sie darauf vorbereitet.

Checkliste

Fragen zu Ihrem Werdegang

- Ausbildung, Zusatzqualifikationen und Weiterbildung
- Berufserfahrungen und praktische Kenntnisse
- Gründe für frühere Arbeitgeberwechsel
- Führungsqualitäten
- Ihre Motivation für die zu besetzende Position
- Fragen zu Ihrer Persönlichkeit
- Gehaltsvorstellungen
- Ihre Fragen

Erlaubte und unerlaubte Fragen

Bei den konkreten Fragen, die Ihnen gestellt werden, kann zwischen generell zulässigen, eingeschränkt zulässigen und völlig unzulässigen unterschieden werden.

Die zulässigen Fragen beziehen sich vor allem auf den beruflichen Werdegang. Auch ist der eventuell zukünftige Arbeitgeber berechtigt, Sie nach einer Schwerbehinderung zu fragen, da er sich davon überzeugen muß, ob Sie voll einsatzfähig sind. Selbstverständlich gibt es Behinderungen, die in keiner Weise die Erfüllung Ihrer Pflichten in einer neuen Position beeinträchtigen würden; trotzdem sind Sie verpflichtet, diese Frage wahrheitsgemäß zu beantworten, müssen aber keine Angaben zur Diagnose machen.

Bei bestimmten Einsatzgebieten oder Spezialberufen kann es vorkommen, daß Ihr Vertrag eine sogenannte Wettbewerbs- oder Konkurrenzklausel enthält, mit der Ihr letzter Arbeitgeber sich davor schützen will, daß Sie Ihr Wissen – zum Beispiel als Entwicklungsingenieur – oder Ihre intensiven Kundenkontakte als hervorragender Außendienstmitarbeiter – einem anderen Unternehmen kurzfristig zur Verfügung stellen. Mitarbeiter, die seit längerer Zeit nicht mehr in ihren Arbeitsvertrag gesehen haben, wissen oft nicht einmal mehr, daß eine solche Wettbewerbsklausel darinsteht. Als Faustregel können Sie sich in diesem Zusammenhang merken, daß eine Wettbewerbsklausel als Vertragsbestandteil nur dann Gültigkeit hat, wenn Ihnen für die Zeit Ihrer einschlägigen beruflichen Abstinenz ein finanzieller Ausgleich (Karenzentschädigung) gezahlt wird.

Die Betonung liegt dabei auf einschlägigen beruflichen Tätigkeiten: Selbstverständlich können Sie in einem anderen Berufsbereich problemlos weiter „Ihre Brötchen“ verdienen. Trotzdem ist ntürlich immer das Risiko gegeben, daß ein potentieller neuer Arbeitgeber beim Vorhandensein einer solchen Klausel vor einer Einstellung zurückschreckt, zumindest immer dann, wenn er gleichwertige Bewerber hat. Es bleibt allerdings ihm überlassen, danach zu fragen.

Eine vielen Bewerbern äußerst unangenehme Frage ist die nach der Höhe des letzten Gehalts. Bedauerlicherweise ist die Frage zulässig, sofern die Angabe in Zusammenhang mit der Art Ihrer bisherigen Tätigkeit für die angestrebte Position bedeutsam ist. Nicht nur aus diesem Grund sollte sie wahrheitsgemäß beantwortet werden: Zum einen ist ein Schwindel immer dann rasch entdeckt, wenn Sie im Laufe eines Kalenderjahres den Arbeitgeber wechseln, dort Ihre Steuerkarte abgeben müssen, auf der ihr Gehalt klar erkennbar ist. Sollten Sie kräftig aufgeschlagen haben, kann das im schlimmsten Fall zur sofortigen Auflösung des Arbeitsvertrages führen, was im Ergebnis einer fristlosen Kündigung gleichkommt. Zum anderen reizt eine zu unglaubwürdige Gehaltsangabe zur Nachprüfung bei dem entsprechenden Arbeitgeber, was ziemlich unangenehm sein kann. Möglicherweise kennt Ihr Gegenüber zufällig – und solche Zufälle gibt es nicht selten – das Gehaltsniveau des Unternehmens oder vergleichbarer Firmen – auch diese Auswirkungen können Sie sich vermutlich vorstellen.

Unter Verhandlungsgesichtspunkten betrachtet, wird Ihnen niemand übelnehmen, wenn Sie Ihre Monats- oder

Jahresbezüge ein wenig aufrunden, aber es sollte sich dabei unbedingt um wirklich kleine Margen handeln! A propos Zulässigkeit: Die Frage darf nur dann unbeantwortet gelassen oder nicht korrekt beantwortet werden, wenn die Information wegen der Andersartigkeit der zuvor ausgeübten Tätigkeit keine Aussagekraft für die neue Position hat.

Eingeschränkt zulässige Fragen sind die nach Körperbehinderung und chronischen Krankheiten (in den letzten zwei Jahren) sowie bei bestimmten Berufen auch nach ansteckenden Krankheiten und einer HIV-Infektion. Hinzu kommt die Frage nach den Vermögensverhältnissen (Schulden), sofern es sich bei der zu besetzenden Position um die eines leitenden Angestellten oder um eine besondere Vertrauensstellung wie Kassierer, Revisor und so weiter handelt – ansonsten ist diese Frage unzulässig.

Unter einem ähnlichen Blickwinkel ist das Thema Vorstrafen zu bewerten: Nur die Frage nach solchen, die für die zur Diskussion stehende Tätigkeit einschlägig sind, ist zulässig. Das wären zum Beispiel Vorstrafen wegen Vermögens- oder Betrugsdelikten bei Kassierern oder Buchhaltern oder im Zusammenhang mit dem Betäubungsmittelgesetz bei Berufen im medizinischen Bereich. Es müssen also vom Bewerber im Interview nur einschlägige, im Bundeszentralregister nicht gelöschte Vorstrafen angegeben werden. Auch Suchtkrankheiten wie Alkoholismus oder Drogenabhängigkeit sind nur zu nennen, wenn der neue Arbeitsplatz besondere Verantwortung für Menschen mit sich bringt, wie das zum Beispiel bei Busfahrern, Krankenschwestern, Apothekenhelfern oder in ähnlichen Berufen der Fall ist.

Gänzlich unzulässig sind dagegen Fragen nach einer Gewerkschaftsmitgliedschaft, nach Betriebsratstätigkeit, Religions- und Parteizugehörigkeit wie auch nach einer eventuell bevorstehenden Heirat.

Besonderen Kriterien unterliegt die Frage nach einer Schwangerschaft. Kommen für eine Stelle von vornherein Männer und Frauen in Betracht (zum Beispiel Flugbegleiter/-in, Sachbearbeiter/-in, Buchhändler/-in), braucht die Frage nicht wahrheitsgemäß beantwortet zu werden. Sie dürfen „lügen“, um einer möglichen Diskriminierung gegenüber männlichen Kollegen zu entgehen. Bewerben sich ausschließlich Frauen, weil für die Position (zum Beispiel Zahnarzthelferin) nur sie in Betracht kommen, darf gemäß der Rechtsprechung des Bundesarbeitsgerichtes nach dem Bestehen einer Schwangerschaft gefragt werden; denn dann kann es zu keiner Diskriminierung von Frauen im Verhältnis zu Männern kommen. Neuerdings hält der Europäische Gerichtshof die Frage nach einer Schwangerschaft generell für frauendiskriminierend und deshalb unzulässig. Das dürfte im Rahmen des europäischen Vereinigungsprozesses in Kürze auch für die Bundesrepublik Deutschland verbindlich sein.

Checkliste

- Zulässig sind Fragen zum beruflichen Werdegang, zum Vorliegen einer Schwerbehinderung sowie einer Wettbewerbsklausel in Ihrem bestehenden Vertrag.
- Zulässig ist auch die Frage nach dem bisherigen Gehalt, es sei denn, die neue Position ist mit der früheren nicht vergleichbar.

- Die Fragen nach ansteckenden oder chronischen Krankheiten, nach Vorstrafen oder Schulden sind nur zulässig, wenn ihre Beantwortung wichtig für die zu besetzende Position ist.
- Fragen nach Gewerkschaftsmitgliedschaft, Betriebsratsarbeit, nach Religions- oder Parteizugehörigkeit sind unzulässig.
- Auch die Frage, ob eine Heirat geplant ist, darf nicht gestellt werden.
- Die Frage nach einer Schwangerschaft ist nur zulässig, wenn sich ausschließlich Frauen im Bewerbungsverfahren befinden.

Wo beginnt die Intimsphäre?

Das ist eine wahrhaft schwer zu beantwortende Frage. Es gibt Kandidaten, die haben auf diesem Gebiet nicht nur eine wahre Engelsgeduld, sondern halten anscheinend Neugier für eine überaus menschliche Eigenschaft. Andere wiederum reagieren bereits bei ganz normalen Interessensfragen eines eventuellen zukünftigen Arbeitgebers allergisch bis aggressiv. Mit anderen Worten: Wo die Intim- oder Privatsphäre des einzelnen beginnt, ist schwer auszumachen und wird insgesamt sehr unterschiedlich bewertet.
Wenn Sie sich einmal an meine Darstellung im Kapitel „Eine kleine Typologie der Interviewer“ erinnern: Da habe ich zumindest zwei Typen benannt, die vor natürlichen Schranken nicht halt machen, weil sie sie entweder nicht wahrnehmen wie der Neugierige oder sie bewußt außer Kraft setzen wie der Provokative. Der ersten Fragerspezies ist meist relativ problemlos Einhalt zu gebieten. Viele reagieren darauf mit einer gewissen Gutmütigkeit, weil sie ihre Veranlagung kennen und Protest auch schon im Umfeld erfahren haben. Provokative Interviewer werden eher versuchen, Sie richtig wütend zu machen, um Sie zu unbedachten und deshalb – nach ihren Glaubensgrundsätzen – erst ehrlichen Aussagen zu bringen. Fragen, die die Intimsphäre betreffen, sind zum Beispiel folgende: Jemand mit Ihrem Aussehen bleibt uns doch bestimmt nicht lange erhalten?! Sie haben ja sehr teure Hobbys; wie finanzieren Sie die denn? – Es versteht sich, von selbst, daß Sie sich solche Fragen – allerdings in einem ruhigen sachlichen Ton – verbitten können.

Wie die Entscheidungsträger ermitteln?

Ich möchte mit den nachfolgenden Aussagen und Hinweisen anknüpfen an die Kapitel „Das Gespräch mit mehreren Personen" und „Körpersprache präzise beobachten und gezielt einsetzen". Es ist für jemanden, der nicht sehr viel Übung in Verhandlungsführung hat, schwierig herauszufinden, wer in einer Runde die entscheidende Stimme und am meisten zu sagen hat. Leider helfen hierbei auch nicht immer die Titel auf den Visitenkarten. Selbst wenn Sie diesen trotz zuweilen wunderbarer Phantasietitel entnehmen können, wer die höchste Position innehat, ist es nämlich oft so, daß der nächsthöhere Vorgesetzte zwar die Kandidaten, zumindest die interessantesten, persönlich in Augenschein nehmen möchte, die Entscheidung jedoch an den unmittelbaren Vorgesetzten delegiert hat. Übrigens können Sie unter Personalführungsaspekten in der Anwesenheit des nächsthöheren Vorgesetzten (solange er sich nicht permanent einmischt) ein positives Zeichen sehen, heißt es doch, daß er noch nicht so weit vom Tagesgeschäft abgerückt ist, daß ihn das „Fußvolk" nicht mehr interessiert. Selbstverständlich müssen Sie sich davor hüten, jemanden in der Runde für unbedeutend zu halten, nur weil er vielleicht nicht allzuviel sagt oder fragt. Ein Indiz für den Einfluß einer solchen Person ist häufig, ob sie Fragen stellt, die sich weniger mit der zu besetzenden Position befassen, sondern mehr auf Ihre Persönlichkeit oder Ihre Paßgenauigkeit zum Unternehmen zielen.
Ein weiteres Beurteilungskriterium ist die Art und Weise, wie die übrigen Anwesenden mit einer Person umgehen. Verhaltensweisen wie Respekt, Achtung oder auch Vorsicht sollten Sie durchaus zu erkennen und wahrzunehmen versuchen. Wird ihr zum Beispiel sofort der Vortritt gelassen, wenn sie etwas bemerken oder fragen möchte, können Sie daraus Ihre Schlüsse ziehen. Ein Indiz für den Einfluß einer Person kann auch sein, daß sie sich eher abseits setzt, also nur dann eingreifen möchte, wenn sie es für opportun hält, und gar nicht in das normale Frage-Antwort-Spiel hineingezogen werden will. Auch die Körpersprache sagt einiges aus: Ich erwähnte bereits, daß Menschen mit Einfluß in der Regel mehr Raum für sich in Anspruch nehmen und auch schon einmal unkonventionelle Dinge tun, das heißt Verhaltensweisen zeigen, die sich jemand in niederer Position so nicht erlauben würde. Dazu zählt zum Beispiel auch, daß eine Person mit Einfluß es sich erlauben kann, bewußt später oder auch zu spät zu kommen. Registrieren Sie aufmerksam, wenn derjenige, der später kommt, sich in eine Ecke zurückzieht und sagt, sie sollten sich durch ihn nicht stören lassen. Haben Sie solch eine „graue Eminenz" in der Runde sitzen, also eine Machtperson, die bewußt im Hintergrund bleibt und auch für sich agieren läßt, sollten Sie mit sehr viel Sorgfalt auf Ihren Blickkontakt achten. Selbst wenn eine Frage von Ihrem unmittelbaren Gegenüber gestellt wird, muß Ihre Antwort unbedingt alle Anwesenden per Blickkontakt einschließen. Damit stellen Sie sicher, rechtzeitig zu erkennen, ob Ihr direkter Gesprächspartner noch hochgradig von Ihren Ausführungen begeistert ist und dies auch durch Mimik und Gestik kundtut, die „graue Eminenz" jedoch längst mit den Fingerspitzen auf der

Tischplatte trommelt oder auf andere Weise ihre Langeweile signalisiert. Ganz mutige, souveräne Kandidaten würden sichtbare Ablehnung auf eine ihrer Antworten einfach thematisieren und offen in der Runde sagen, sie hätten den Eindruck, daß da jemand mit ihrer Antwort nicht einverstanden ist. So etwas pflegt starken und mächtigen Personen eher zu imponieren, als daß es sie in Verlegenheit brächte. Und eine solche Vorgehensweise vermag vielleicht zu verhindern, daß sich ein bestimmter negativer Eindruck in der Erinnerung festsetzt.

Checkliste

- Versuchen Sie herauszufinden, wer Ihrer Gesprächspartner die entscheidende Stimme hat.
- Hüten Sie sich davor, jemanden für unbedeutend zu halten, nur weil er sich zurückhält oder abseits Platz nimmt: Halten Sie auch zu solchen Gesprächsteilnehmern Blickkontakt.
- Achten Sie darauf, wie Ihre Gesprächspartner miteinander umgehen, und ziehen Sie Ihre Schlüsse daraus.
- Einflußreiche Gesprächsteilnehmer erkennen Sie oft auch an Ihrem unkonventionellen Auftreten.

Das Vorstellungsgespräch mit einem Personalberater und wie es dann weitergeht

Zunehmend häufiger übertragen Unternehmen die Auswahl – auch von Nicht-Führungskräften – einem Personalberater. Dafür gibt es verschiedene Gründe; einer der gewichtigsten ist der Zeitfaktor: Qualifizierte Personalauswahl ist immer zeitintensiv. Deshalb werden in Unternehmen nicht selten fünf bis sechs Bewerber an einem Tag eingeladen. Das mag zwar unter Kostengesichtspunkten effizient sein, läßt aber das menschliche Kommunikationsverhalten und die durchschnittliche Aufnahmekapazität der Interviewer völlig außer acht. Die Ergebnisse, die auf diese Weise erzielt werden, können im Erfolgsfall durchaus einem Sechser im Lotto gleichgesetzt werden. Wird die Aufgabe dagegen delegiert, weil sich der Personalberater allein schon deshalb mehr Zeit nehmen kann, da er sich auf diese Art von Personalarbeit spezialisiert hat, kommt das insgesamt gesehen allen Beteiligten zugute: einmal den Führungskräften des auftraggebenden Unternehmens, weil sie mit den besten Kandidaten in Ruhe verhandeln können, zum anderen den Bewerbern, die von einem seriösen Personalberater erwarten können, daß er sich nicht nur ausreichend Zeit nimmt, sondern auch umfassend über das von ihm betreute Unternehmen und die dort beschäftigten Mitarbeiter informiert. Auf diese Weise gewinnen Kandidaten gegenüber Direktbewerbern sogar noch einen Informationsvorsprung.
Der zweite wesentliche Grund für die Einschaltung von Personalberatern

liegt in der Chance, Anonymität wahren zu können. Es kann für einen Arbeitgeber aus verschiedenen Gründen überaus wichtig sein, daß die Vakanz einer bestimmten Position nicht bekannt wird, etwa, weil die Konkurrenz solche Informationen sofort ausnutzen könnte oder betriebsintern die Spekulationen über den Nachfolger einsetzen würden.

Ein dritter Grund kann darin bestehen, daß das erforderliche Fachwissen für die Personalauswahl im eigenen Unternehmen nicht vorhanden ist. Dies betrifft vielfach kleine und mittlere Unternehmen ohne eigenen Personalverantwortlichen, der sich kompetent um diese Dinge kümmern kann.

Schließlich hat ein Personalberater eine Vielzahl von Möglichkeiten, Kandidaten direkt anzusprechen, und kann so auch ohne Anzeigenschaltung fündig werden.

Ein Personalberater wird – ob mit oder ohne Anzeigenschaltung – vielfach zunächst einmal telefonisch mit Ihnen Kontakt aufnehmen. Seien Sie dann, ohne ihn oder sie näher zu kennen, nicht zu freigebig mit Auskünften über Ihren beruflichen Werdegang und frühere Arbeitgeber: Letzteres gilt insbesondere für Ihr bestehendes Arbeitsverhältnis, falls das Gespräch Sie nicht nach guter alter Headhunter-Manier sowieso an Ihrem Schreibtisch ereilt – damit erübrigt sich die Vorsichtsmaßnahme. Trotzdem sollten Sie keineswegs in den Fehler vieler Bewerber verfallen, von dem Anruf so geschmeichelt zu sein, daß Sie nur zu bereitwillig über sich und Ihr bisheriges Leben Auskunft geben. Es ist im Gegenteil Ihr gutes Recht, selbst die Fragen zu stellen, um ein Gefühl dafür zu bekommen, ob Ihr Gesprächspartner überhaupt über einen konkreten Auftrag verfügt und genügend Einzelheiten über die (angeblich) zu besetzende Position und die dazugehörige Firma berichten kann. Respektieren müssen Sie in diesem Zusammenhang nur, daß Ihnen der Name des suchenden Unternehmens in der Regel nicht mitgeteilt wird. Nennt der Personalberater diesen jedoch sogar unaufgefordert, werten Sie das getrost als schlechten Stil, weil er sowohl Ihnen als auch seinem Auftraggeber gegenüber zu Vertraulichkeit verpflichtet ist, ganz besonders in diesem Stadium des Auswahlverfahrens – er kann schließlich nicht wissen, ob Sie nicht unter Umständen sogar Mißbrauch mit dieser Information treiben.

Die goldene Mitte liegt bei solchen Vorgesprächen am Telefon darin, daß Sie sich genügend Informationen über Position und Unternehmen geben lassen, um für sich einschätzen zu können, ob das Weiterverfolgen der Angelegenheit für Sie überhaupt von Interesse ist.

Wenn ja, können Sie in abstrakter Form so viel über Ihre Erfahrungen berichten, daß der Personalberater wiederum einschätzen kann, ob er auf relativ gute Paßgenauigkeit hoffen kann und ob sich ein nachfolgendes persönliches Gespräch überhaupt lohnt. Wurden Sie auf diese Weise persönlich angesprochen, sind Sie bereits Kandidat und nicht mehr nur Bewerber. Sie können dann auch – entsprechendes Interesse auf beiden Seiten vorausgesetzt – mehr Flexibilität bei der Vereinbarung eines persönlichen Interviews hinsichtlich Ort und Zeit erwarten. Paßt es Ihnen zum Beispiel nur am Samstag Nachmittag, wird ein Personalberater mit größter Wahrscheinlichkeit darauf eingehen. Außergewöhnliche Orts- und Terminvorschläge können Sie allerdings auch durchaus erwarten, wenn Sie sich auf die Anzeige eines Beratungsunternehmens beworben haben und das eingangs erwähnte Telefonat eine erste Reaktion auf Ihre Bewerbung ist. Da Personalberater viel unterwegs sind, sollten Sie sich nicht wundern, wenn Sie das Angebot gemacht bekommen, sich mit ihm am folgenden Abend in der Lobby eines Hotels der benachbarten Großstadt zu treffen. Vorsicht beim Ablehnen eines zweiten Terminvorschlags! Je nach Bedeutung und Anforderungskatalog der zu besetzenden Funktion muß bei Ihnen einige Flexibilität vorausgesetzt werden können. Kommt man Ihnen also regional entgegen, sollten Sie, wenn immer möglich, auf den Terminvorschlag eingehen. Je niedriger die zu besetzende Position, desto geringer ist naturgemäß das Entgegenkommen des Beraters, und desto weniger Zeit wird er sich voraussichtlich nehmen. Kalkulieren Sie diesen Umstand von vornherein ein. Normalerweise werden Sie in die Büroräume des Personalberatungsunternehmens eingeladen – wo man im übrigen interessante Studien rund ums Warten machen kann. Das Vorstellungsgespräch, das in den meisten Fällen in dieser ersten Runde vom Personalberater alleine geführt wird, dauert zwischen einer und eineinhalb Stunden. Es gibt jedoch auch durchaus Fälle, in denen Sie in Begleitung des Personalberaters unmittelbar zu dessen Auftraggeber eingeladen werden. Dergleichen ist denkbar, wenn die Stellenbesetzung unter erheblichem Zeitdruck erfolgen muß. Gerade dann ist dem Gespräch in aller Regel ein ausführliches Telefonat vorausgegangen. Versuchen Sie, in einem Vorstellungsgespräch mit einem Personalberater immer so viele Informationen wie irgend möglich über das auftraggebende Unternehmen einschließlich einer Beschreibung der dort entscheidenden Personen zu bekommen. Oftmals ist Ihr Interviewer nämlich langjähriger Berater des Hauses und weiß von daher eine ganze Menge. Auf diese Weise sind Sie besser für die nachfolgende Vorstellung gerüstet – Personalberater nennen das Präsentation –, als wenn Sie sich dort unmittelbar beworben hätten. Nutzen Sie die Chance! Der Schritt vom Erstinterview zur Präsentation entspricht dem zwischen Erst- und Zweitgespräch bei einer Direktbewerbung und ist ebenfalls mit einer Wartezeit verbunden. Manchmal wird Ihnen ein Personalberater nach erfolgreichem Erstinterview auch unmittelbar mitteilen, ob er Sie vorstellen wird oder nicht. Davon können Sie aber nicht unbedingt ausgehen.

Checkliste

- Seien Sie nicht zu auskunftsfreudig, wenn ein Personalberater Kontakt mit Ihnen aufnimmt, sondern stellen Sie möglichst viele Fragen.
- Erkundigen Sie sich, ob der Personalberater aufgrund eines konkreten Auftrages handelt; der Name des Unternehmens wird Ihnen in der Regel nicht mitgeteilt.
- Normalerweise werden Sie in das Büro der Personalberatung eingeladen, rechnen Sie aber auch mit unkonventionellen Terminen für ein Vorstellungsgespräch.
- Vorsicht beim Ablehnen eines zweiten Terminvorschlages.
- Versuchen Sie, im ersten Vorstellungsgespräch soviel wie möglich über das Unternehmen, die Entscheidungsträger und über die Position herauszubekommen.

Was sollte auf jeden Fall angesprochen werden?

Ich möchte in diesem Kapitel aufführen, was bis zur Vertragsunterschrift zu irgendeinem Zeitpunkt angesprochen worden sein muß. Das nächste Kapitel „Fragenkatalog für das erste Gespräch“ wird dann differenzieren zwischen inhaltlichen und formalen Fragen.
Ich habe mir gedacht, daß es für Sie sinnvoll sein könnte, einem Arbeitgeber, repräsentiert durch Ihren Gesprächspartner, einmal über die Schulter zu schauen und Einblick in dessen Spickzettel zu nehmen, der enthält, was von ihm angesprochen werden muß.
Man könnte hier folgende Dreiteilung vornehmen: Themen, die zu diskutieren sind, über die zu informieren ist und die geklärt werden müssen – alles aus Sicht des Arbeitgebers!
Für den Diskussionsteil beziehe ich mich auf die Aussagen des Kapitels „Welche Fragen und Themenbereiche werden angesprochen?“ und will diese nur noch einmal wie Überschriften zusammenfassen:

- Ausbildung
- Studium
- Berufserfahrung
- Letzte Position
- Weiterbildung
- Zusatzqualifikation
- Spezielle Fachkenntnisse
- Gegebenenfalls Führungserfahrungen- und -fähigkeit
- Neue Position
- Motivation für die Bewerbung
- Berufsmotivation generell
- Persönlichkeit
- Eventuell Hobbys, Freizeitbeschäftigung, Interessen

Weder die Reihenfolge noch die Kombination der Themen sind verbindlich; sie ergeben aber einen sachgerechten und umfassenden Gesprächsleitfaden.
Im Informationsteil – Ihr Gesprächspartner berichtet oder beantwortet Fragen – sind Merkpunkte:

- Das Unternehmen (Vorgeschichte, Mitarbeiterzahl, Umsatz, Struktur, Ziele, Marktposition, Expansionsüberlegungen)
- Die Unternehmensphilosophie (oder neudeutsch: Corporate Identity beziehungsweise Corporate Culture), das heißt die geschriebenen und insbesondere die ungeschriebenen Gesetze des Hauses
- Weiterbildungs- und Entwicklungsmöglichkeiten
- Beurteilungskriterien
- Gehalt
- Gehaltsanpassung
- Sozialleistungen
- Urlaubsanspruch
- Arbeitszeiten
- Zeiterfassung
- Überstunden
- Arbeitsplatz beziehungsweise Arbeitszimmer
- Vertragsstruktur
- Probezeit
- Vertragsdauer
- Gewünschter Eintrittstermin (von Seiten des Arbeitgebers)
- Ganz wichtig: der Zeitpunkt, bis zu dem Sie einen Zwischenbescheid oder endgültige Zusage beziehungsweise Absage bekommen

Die zu klärenden Themen sind vielfach bereits in den schriftlichen Unterlagen enthalten gewesen. Ob das für Sie zutrifft, wissen Sie selbst am besten. Haben Sie hierzu nichts erwähnt, muß folgendes von Ihnen in einem der Vorstellungsgespräche angesprochen werden:

- Gehaltsvorstellungen
- Kündigungsfrist

- Frühester Eintrittstermin
- Eventuell vorzeitige Beendigung Ihres jetzigen Arbeitsverhältnisses
- Umzugsbereitschaft
- Finanzielle und sonstige Unterstützung bei einem Ortswechsel
- Sonstige Wünsche
- Ihre Bereitschaft zur Unterschrift des Vertrages
- Ob Sie wegen Urlaub oder Dienstreise in der folgenden Zeit eventuell nicht zu erreichen sind
- Vorstellungsgespräche oder Vertragsverhandlungen mit anderen Unternehmen und daraus resultierender Zeitdruck.

Wird irgendeiner dieser Punkte von Ihrem Gesprächspartner vergessen, müssen Sie die Fragen stellen. Insofern ist dies ein Leitfaden, den Sie sich in entsprechend aufbereiteter Form ruhig ins Gespräch mitnehmen sollten.

Fragenkatalog für das erste Gespräch

Zu diesem Thema ist unter Merk-Gesichtspunkten eine Differenzierung nach Inhalt und Formalien angebracht. Faustregel in diesem Zusammenhang sollte sein, daß im ersten Gespräch der Schwerpunkt auf den inhaltlichen, im meist entscheidenen zweiten Gespräch dagegen auf den formalen Fragen liegen sollte. Ich führe nachfolgend auf, was in ein erstes Gespräch hineingehört, das primär dem persönlichen Kennenlernen und weniger der unmittelbaren Entscheidung dienen soll. Ist die Position niedrig oder der Zeitdruck groß, so daß nur ein Vorstellungsgespräch geplant ist, bitte ich Sie, das Kapitel „Welche Informationen brauchen Sie noch für Ihre Entscheidung?“ im dritten Teil des Buches aufmerksam zu lesen und daraus Ihre persönliche Fragenliste, die Sie im übrigen problemlos mitnehmen können, zu ergänzen beziehungsweise zusammenzufassen.

Bevor ich jedoch die einzelnen Punkte aufführe und sie kommentiere, hier noch einige allgemeine Hinweise zum Thema Fragenkatalog: Ziehen Sie nicht am Schluß eines Gespräches, das vielleicht für beide Seiten anstrengend war, ein mehrseitiges Werk aus der Tasche, das Ihrem Gegenüber dann nur noch einen Stoßseufzer entlockt. Seien Sie in der Vorbereitung des Fragenkataloges so präzise wie möglich! Verlieren Sie nicht das Gespür dafür, daß ein Gespräch unter Umständen so unglücklich oder schlecht, eventuell sogar mit sehr gereiztem Unterton verlaufen ist, daß Sie sich die Mühe eigener Fragen nun wirklich sparen können. Vielleicht ist auch der Umstand, daß man sich noch nicht einmal aus Höflichkeit nach Ihren

Probezeit
Vorgesetzte
Urlaub
Aufgabenfeld
Wochenzeit
Firmenwagen

eigenen Fragen erkundigt, ein erstes Indiz für die Aussichtslosigkeit Ihrer Position als ernstzunehmender Kandidat. Andererseits vergißt ein Interviewer manchmal auch einfach, sich nach Ihren Fragen zu erkundigen, oder fordert Sie aus Zeitmangel nicht dazu auf, sie zu stellen. Sind Sie nicht sicher, was davon nun zutrifft, thematisieren Sie es einfach, etwa in der Weise: Ich habe nicht den Eindruck gewonnen, daß unser Gespräch besonders zufriedenstellend verlaufen ist; hat es überhaupt Sinn, daß ich noch eigene Fragen stelle? – Entweder – im positiven Fall – ist dann jemand sehr überrascht, und Sie haben sich einige unruhige Nächte erspart; oder Sie liegen richtig, und es ist besser, das dann sofort zu wissen, um sich keine Hoffnungen zu machen und beiden Seiten Zeit zu ersparen.
Ein weiteres ernstzunehmendes Problem besteht darin, daß viele Bewerber ihre Liste regelrecht abarbeiten und gnadenlos jede einzelne Frage stellen, obwohl sich die Hälfte davon längst in dem vorangegangenen Gespräch beantwortet hat. Falls Sie das offensichtlich nicht mitbekommen haben, kann das übrigens einen bis dahin guten Eindruck rasch relativieren. Ist ein weiteres Gespräch ohnehin vorgesehen oder bedarf es noch einiger Überlegungen, ob Sie in die engste Wahl kommen, ist es mehr als lästig, wenn ein Bewerber seinen Fragenkatalog einschließlich aller Feinheiten zukünftiger Vertragsbestandteile abhandelt, obwohl er bereits zum wiederholten Male darauf hingewiesen wurde, daß diese Themen einem weiteren Gespräch vorbehalten bleiben sollten oder von einem anderen Gesprächspartner zu beantworten wären. Gerade letzteres ist ein wichtiger Punkt: Bringen Sie nicht jemanden in Verlegenheit, der wegen seiner konkreten Funktion im Unternehmen gar nicht in der Lage ist, bestimmte Fragen zu beantworten!
Wenn Sie das im Gespräch merken – selbst wenn es sich um Fragen handelt, die durchaus in einer ersten Unterredung gestellt werden können oder sollten –, brechen Sie das Thema von sich aus ab, indem Sie feststellen, daß diese Dinge ohne weiteres noch warten können.
Doch nun zu konkreten Fragen. Wie angekündigt, werden sich die meisten davon auf den inhaltlichen Bereich konzentrieren, und es werden nur einige wenige Formalien dabei sein, die Sie aus dem Kapitel „Welche Informationen brauchen Sie noch für Ihre Entscheidung?“ ergänzen können.
Da ist in jedem Fall zunächst einmal die Bitte nach Konkretisierung der Anzeige bezüglich der Aufgabenstellung und der Position, eventuell auch ihrer hierarchischen Einbindung. Von Bedeutung ist für Sie auch, ob die Position bereits existiert, ob es sich um eine Stellenerweiterung oder gar eine völlige Neukonzeption handelt. Letzteres kann zum Beispiel mit dem Aufbau eines Bereiches verbunden sein, was gänzlich andere Anforderungen an Organisationstalent und Know-how stellen würde und für Sie eine wesentliche Information ist. In diesem Zusammenhang wäre dann auch zu klären, ob die Position noch besetzt ist, sie womöglich von dem Vorgänger noch eingearbeitet würden oder aus welchen Gründen die Position vakant wird. Allerdings müssen Sie hierbei einkalkulieren, daß Ihnen als Außenstehendem – je nach tatsächlichem Hintergrund – keine wahrheitsgemäße Auskunft gegeben wird. Andererseits kann die Position ein opti-

males Karrieresprungbrett sein; dann wird man Ihnen mit Sicherheit stolz mitteilen, daß der Stelleninhaber höhere Aufgaben im Unternehmen oder im Konzern übernehmen soll. Nicht unwichtig ist auch, ob es eine Stellen- oder Aufgabenbeschreibung gibt. Die eventuelle Frage nach der Einbindung in der Hierarchie sollte immer verbunden sein mit dem Hinweis, daß Sie wissen möchten, mit wem Sie zusammenarbeiten und wem Sie Ihre Arbeitsergebnisse berichten müssen. Dadurch vermeiden Sie, womöglich als Karrierist oder ausschließlich positionsorientiert eingestuft zu werden, als gehe es Ihnen mehr um den Status als um die Sache.

Positiv sind auch immer Fragen nach den Weiterbildungsmöglichkeiten und den dafür nötigen Freiräumen, etwa ob Sie diesbezüglich Wünsche äußern dürfen, welche Möglichkeiten oder sogar Gepflogenheiten es im Unternehmen gibt, ob sich die Weiterbildung primär auf Fachliches bezieht oder welche anderen Themen denkbar sind. Allein schon zögernde, unklare oder direkte Antworten auf solche Fragen lassen eine ganze Menge an Rückschlüssen auf das Unternehmen (weniger auf die zu besetzende Position) zu. Ganz wichtig ist es natürlich auch, sich nach Entwicklungs- und Aufstiegsmöglichkeiten zu erkundigen, einmal bezogen auf die konkrete Position, zum anderen auf das Unternehmen beziehungsweise die Unternehmensgruppe. Auch sollten Sie ausloten, wie groß die Chance oder das Risiko ist – je nach persönlicher Einstellung –, im Inland oder ins Ausland versetzt zu werden. Sicherlich will auch Ihr eventueller Arbeitgeber dazu einiges von Ihnen wissen. Entweder sollten Sie also dem Unternehmen spätestens nach den diesbezüglichen Antworten den Rücken kehren, oder Sie haben ein positives Argument auf Ihrer Entscheidungsliste.

Bei den mehr formalen Fragen steht die Gehaltshöhe im Interesse beider Seiten sicherlich auf einem der vorderen Plätze. Ob sie im ersten Gespräch eine Rolle spielt, hängt davon ab, ob Sie dazu in Ihren Bewerbungsunterlagen schon etwas gesagt haben beziehungsweise sagen mußten. Meist wird im ersten Gespräch abgeklärt, ob die Gehaltsvorstellungen so weit auseinanderliegen, daß eine Annäherung kaum möglich erscheint und deshalb eine weitere Diskussion sinnlos wäre. Beachten Sie in diesem Zusammenhang nur, daß es erstens auf das Gesamtpaket ankommt (alle geldwerten Vorteile zusammengenommen: betriebliche Sozialleistungen, Altersvorsorge, Versicherungen und andere Vergünstigungen können durchaus eine gute Gehaltssteigerung bedeuten) und zweitens auf die Entwicklungsmöglichkeiten. Liegen die jährlichen Steigerungen deutlich über denen, die Sie zuvor hatten, oder bietet man Ihnen zwar ein vergleichsweise niedriges Anfangsgehalt, aber eine überdurchschnittliche Erhöhung nach der Probezeit an, kann die Sache schon ganz anders aussehen.

Eine weitere im ersten Gespräch erlaubte formale Frage ist die nach möglicherweise mit der Position verbundener Reisetätigkeit, deren Ausmaß und ob erwartet wird, daß Sie dafür den eigenen Wagen nehmen, Ihnen ein Fahrzeug zur Verfügung gestellt wird oder Sie öffentliche Verkehrsmittel benutzen sollen. Auch für eventuelle Ihnen unterstellte Mitarbeiter dürfen Sie sich interessieren; diese Frage sollte jedoch unter dem Blickwinkel des Verantwortungsbereiches und nicht des Status behandelt werden. Selbstverständlich ist auch der geplante Einstellungstermin für beide Seiten von entscheidender Bedeutung in weiteren Verhandlungen. Ist das Unternehmen beispielsweise darauf angewiesen, daß eine Vakanz spätestens nach drei Monaten besetzt wird, Sie aber eine ungünstige, das heißt längere Kündigungsfrist haben, können sich unter Umständen weitere Gespräche erübrigen. Andererseits sollten Sie natürlich nicht überhören, wieviel Positives zum Ausdruck gebracht wird, wenn sich ein Unternehmen plötzlich auf diesem Gebiet flexibel zeigt, weil man von Ihnen begeistert ist. Signalisieren Sie dann, daß Sie sich gegebenenfalls bei Ihrem jetzigen Arbeitgeber darum bemühen werden, früher aus Ihrem bestehenden Arbeitsverhältnis freizukommen.

Es ist auch Ihr gutes Recht, zu Anfang oder zum Abschluß des Gespräches um Auskunft darüber zu bitten, wie der weitere Verlauf sein wird, wie viele Gespräche insgesamt geplant sind und bis wann Sie weiteren Bescheid bekommen werden.

Bei allem gilt jedoch eine Spielregel: Stellen Sie niemals zum Ende des Gespräches Fragen, die längst im Laufe der Diskussion beantwortet worden sind oder die zu einem früheren Zeitpunkt viel sinnvoller gewesen wären. Und versäumen Sie nicht, Ihren Gesprächspartner genau zu beobachten, während Sie sprechen! Manchmal kann eine einzige weitere Frage zu viel sein, und es wäre taktisch weitaus klüger, sie auf das nächste Gespräch zu verschieben.

Checkliste

- Bereiten Sie Ihre Fragen so präzise wie möglich vor, nehmen Sie aber keinen seitenlangen Katalog mit in das Gespräch.
- Stellen Sie keine Fragen, die schon im vorangegangenen Gespräch beantwortet wurden.
- Stellen Sie Fragen zu Vertragsfeinheiten nicht zu früh.
- Verzichten Sie auf die Beantwortung einer Frage, wenn Sie merken, daß sie nicht in den Verantwortungsbereich Ihres Gesprächspartners fällt.
- Bitten Sie um eine Beschreibung der Position.
- Fragen Sie, ob es sich um eine bestehende oder eine neu geschaffene Stelle handelt.
- Fragen Sie nach Ihrem Vorgänger und warum die Stelle freigeworden ist.
- Erkundigen Sie sich nach den unmittelbaren Kollegen und Vorgesetzten sowie nach eventuellen Mitarbeitern.
- Bitten Sie um Auskunft zu Weiterbildungs- und Versetzungsmöglichkeiten, Reisetätigkeit, Firmengepflogenheiten und Aufstiegschancen.
- Sprechen Sie das Gehalt und zusätzliche Leistungen an, die Gehaltsentwicklung und den Einstellungstermin.
- Verabreden Sie, wann Sie Bescheid bekommen.

Wieviel Ehrlichkeit ist bei der Frage nach weiteren Vorstellungsgesprächen geboten?

Für viele Bewerber ist das ein heikler Punkt, und zwar meist unnötigerweise. Jedes Unternehmen kalkuliert ein, daß sich gute Kräfte nicht nur bei ihm beworben haben. Das ist ein ganz normaler Vorgang und spricht eher für als gegen Sie. Wichtig ist eigentlich nur, daß Sie nicht den Eindruck erwecken, sozusagen nach dem Gießkannenprinzip vorgegangen zu sein oder pokern zu wollen. Manche Bewerber beginnen bei der Terminabsprache freimütig aufzuzählen, daß sie zum Beispiel am Montag ein Gespräch bei der Firma X hätten, am Mittwoch in Y und die nächsten eineinhalb Wochen auch weitgehend mit Vorstellungsterminen ausgebucht seien. Das macht nur ärgerlich, weil es nach Aufschneiderei klingt oder zumindest wenig mit bewußtem Planen zu tun hat.

Außerdem ist natürlich zu berücksichtigen, welche Argumentationsstrategie Sie während des Gespräches verfolgen. Geben Sie einem potentiellen neuen Arbeitgeber das Gefühl, sich nur unter ganz bestimmten Voraussetzungen verändern zu wollen und daß nur die Anzeige seines Unternehmens Sie sehr spontan und ganz besonders angesprochen hat, können Ihnen kaum zehn weitere Offerten vorliegen. Erklären Sie Ihrem Interviewer dagegen, sich aus bestimmten Gründen zu einem konkreten Zeitpunkt verändern zu wollen, können Sie gezwungen sein, eine größere Anzahl von Gesprächen bei einer Reihe von Firmen zu führen, um Ihr Ziel wie gewünscht zu erreichen.

Beachten Sie diese Spielregeln, können Sie problemlos darüber sprechen, daß Sie zum Beispiel noch zwei weitere Gespräche führen wollen. Genausogut könnten Sie offenlegen, daß es noch eine weitere Position gibt, die für Sie von vergleichbarem Interesse ist. Sie können sogar so weit gehen, deutlich zu sagen, daß Sie sich keinesfalls vor dem Gespräch mit einem konkreten anderen Unternehmen entscheiden wollen.

Für die meisten Arbeitgeber ist es sogar sehr wesentlich zu erfahren, ob Sie wegen anderer Verhandlungen unter Zeitdruck stehen und man sich mit weiteren Gesprächen sowie mit der Entscheidungsfindung nicht sehr viel Zeit lassen darf.

Checkliste

- Verheimlichen Sie nicht, wenn Sie weitere Vorstellungstermine haben, schneiden Sie aber nicht auf.
- Lassen Sie es Ihrem Gesprächspartner wissen, wenn Sie seine Entscheidung aufgrund von Verhandlungen mit einer anderen Firma frühzeitig benötigen.
- Teilen Sie Ihrem Interviewer gegebenenfalls mit, wenn Sie die Antwort eines anderen Unternehmens abwarten wollen, bevor Sie sich entscheiden.

Psychologische Testverfahren – ernstzunehmende Entscheidungshilfen?

Für einige Bewerber sind Testverfahren eine Art Sport, den meisten flößen sie jedoch Angst ein, was sehr viel mit Unkenntnis und daraus resultierender Unsicherheit zu tun hat. Mehrere Faktoren spielen hier eine Rolle. Da ist zunächst das Gefühl, in der eindeutig schwächeren Position zu sein. Viele Bewerber empfinden von daher die ganze Prozedur als künstliche Hürde oder gar Schikane. Zum anderen werden Sie voraussichtlich mit Fragestellungen und Verfahrensweisen konfrontiert, die zumindest nicht alltäglich sind, die Sie als Laie nicht auf Anhieb durchschauen und denen Sie sich dadurch eher hilflos ausgeliefert fühlen. Hinzu kommt das fehlende Hintergrundwissen: Aus der Sicht der Arbeitgeber ist das Überraschungsmoment Sinn und Zweck eines Tests. Schließlich ist da noch die ganz normale Angst zu versagen, zumal es häufig um ziemlich viel geht. Jeder Mensch reagiert aufgrund seiner Persönlichkeit und seiner Erfahrungen auf den mit Testverfahren verbundenen Streß unterschiedlich, doch sind gewisse Angstgefühle oder Lampenfieber völlig normale Erscheinungen. Das weiß im Prinzip auch jeder Arbeitgeber. Daher bemühen sich die meisten, die Atmosphäre positiv zu beeinflussen. Zum Abbau von Ängsten ist es für Bewerber sinnvoll, einiges Grundsätzliches über Tests zu erfahren, ein bißchen tiefer in Aufbau und Zielsetzungen einzusteigen. Warum also Testverfahren? Was will man damit erreichen? Wenn zwangsläufig ausgewählt werden muß, dann soll das Auswahlverfahren für alle möglichst gleich und damit zumindest relativ objektiv sein. Würde zum Beispiel das Los entscheiden, fielen jegliche Eignungskriterien zum Schaden des einzelnen Bewerbers völlig weg, und manch einer würde sich vermutlich ohnmächtig fühlen, weil das Auswahlergebnis überhaupt nicht beeinflußbar ist.

Schul- und Hochschulabschlüsse sowie Ausbildungszeugnisse bieten bei unserem extrem komplexen Bildungssystem nur noch relativ wenig aussagekräftige Informationen. Hinzu kommt, daß Noten in den seltensten Fällen eine sichere Prognose für den Berufserfolg ermöglichen. Es ist andererseits ein legitimes Interesse eines jeden Arbeitgebers, geeignete Bewerber und zukünftige Mitarbeiter zu finden, die langfristig mit ihrem Beruf zufrieden sind und die nach Möglichkeit von den ihnen übertragenen Aufgaben weder über- noch unterfordert sind. Die Ausübung bestimmter beruflicher Tätigkeiten verlangt nun einmal nach bestimmten Fähigkeiten.

Allerdings ist unbestritten, daß Testverfahren zur Personalauswahl nicht der Weisheit letzter Schluß sind und die Eignung eines Bewerbers nicht mit der eigentlich erforderlichen Sicherheit festgestellt werden kann. Von wissenschaftlicher Seite wird der Annahme sogar direkt widersprochen, daß gute Testergebnisse Rückschlüsse auf den späteren Berufserfolg zulassen, vor allem, wenn die Verfahren nicht von Fachleuten durchgeführt und kontrolliert werden. Außerdem müssen manchmal auch geeignete Kandidaten abgelehnt werden. Schließlich kostet die Besetzung eines Arbeitsplatzes beziehungsweise eine Einstellung – je

nach Einarbeitungszeit und Hierarchieebene – sechs- bis siebenstellige Beträge; es geht somit um erhebliche betriebliche Investitionen, die wohl überlegt werden müssen.
Im günstigsten Fall entsteht bei Tests gewissermaßen ein Eignungsprofil, das Aussagen über Ihre persönlichen Stärken und Schwächen erlaubt, deren Kenntnis auch Ihnen die Orientierung erleichtert. Wenn etwa jemand ein unterdurchschnittliches räumliches Vorstellungsvermögen hat und attestiert bekommt, sollte er damit verbundene berufliche Einsatzgebiete zukünftig vermeiden. Dieses Beispiel macht bereits einen weiteren wesentlichen Gesichtspunkt von Tests deutlich: Ergebnisse zeigen Relationen auf einer vorgegebenen Skala, das heißt, sie bedeuten nicht fähig oder unfähig, sondern mehr oder weniger geeignet, ermöglichen also Aussagen über besonders ausgeprägte Fähigkeitsmerkmale und weniger vorhandene. Diese Ergebnisse werden dann mit den Erfordernissen einer ganz bestimmten Funktion verglichen. Kein Test der Welt kann sich anmaßen, eine ganze Persönlichkeit erfassen oder berufliche Prognosen geben zu können, und kein seriöser Testverfasser behauptet das.
Will man Inhalt und Ablauf solcher Auswahlverfahren kurz zusammenfassen, so läßt sich sagen, daß ein Test in der Regel drei Bestandteile hat:

- Aufgaben oder Fragen
- Lösungen oder Antworten
- Interpretation und Bewertung

Aufbauend auf der möglichst korrekten Interpretation und Bewertung kann man zu Rückschlüssen kommen, ob bestimmte Fähigkeiten, Kenntnisse, Neigungen und Charakterzüge vorhanden sind oder fehlen.

Die hauseigenen „Testbatterien" vieler Unternehmen sind in der Regel abgewandelte, ergänzte Standardtests, die etliche Entwicklungsstufen bis hin zu einer umfangreichen und langfristigen Bewährungsprobe durchlaufen haben. Zum Teil verfügen Firmen wie etwa die Deutsche Lufthansa AG über eine mehr als 25jährige Testerfahrung. Solche Zahlen belegen, daß dort bei der Personenauswahl mit großer Sorgfalt und aufgrund fundierter Erfahrungswerte vorgegangen wird.
Um Ihr Bild von Tests klarer zu machen, sollen die grundsätzlichen Kategorien und ihre Zielsetzungen kurz vorgestellt und erläutert werden. Dies scheint vor allem deshalb erforderlich, weil es „den" Test nicht gibt, sondern nahezu jedes Unternehmen, jede Behörde eigene Programme völlig unterschiedlich zusammensetzt. Deshalb ist eine allgemeinverbindliche oder auch exemplarische Darstellung fast unmöglich. Die nachfolgende Charakterisierung wäre also durchaus auch in anderer Form denkbar. Es gibt:

- Wissenstests
- Intelligenztests
- Konzentrations- oder Belastungstests
- Persönlichkeitstests
- Biographische Fragebogen
- Assessment-Center

Die Gewichtung dieser einzelnen Verfahren sind von Arbeitgeber zu Arbeitgeber absolut unterschiedlich. Wissenstests, also Tests, die den Stand der Allgemeinbildung überprüfen, fanden Eingang in praktisch alle Programme. Sie haben in dem Maße zugenommen, in dem Vergleiche zwischen Bewerbern aufgrund von Zeugnisnoten und Fächerinhalten kaum noch sachgerecht möglich sind.

Die bekannten Intelligenztests wie der Intelligenz-Struktur-Test (IST) gehören mit zu den ältesten Verfahren und nehmen für sich in Anspruch, ein relativ großes Fähigkeitsspektrum zu überprüfen. Speziell beim IST geht es also weniger um den Intelligenzquotienten als um Stärken oder Schwächen im sprachlichen Ausdruck, im abstrakten und logischen Denken, im räumlichen Vorstellungsvermögen, im Rechnen und in der Merkfähigkeit. Intelligenztests sind – anders als Wissenstests – weitgehend unabhängig von erlernten Kenntnissen. Durch die lange Zeit der Anwendung und die strikte Beachtung bestimmter Gütekriterien gehören sie zu den qualitativ guten Testverfahren. Fast alle in Firmen und Behörden angewandten Programme stützen sich zumindest in Teilbereichen auf Struktur und Elemente des IST.

Konzentrations- oder Belastungstests sind völlig unabhängig vom persönlichen Vorwissen. Wie der Name schon sagt, überprüfen diese Tests unter Zeitdruck – man kämpft gegen die Stoppuhr – die Konzentrationsleistung, die Aufnahmekapazität und die Fehlerquote in Streßsituationen. Ein typischer Vertreter dieser Gattung ist der Konzentrations-Leistungs-Test (KLT), der darin besteht, über mehrere Seiten hinweg Zahlenkolonnen zu addieren und dabei das Zwischenergebnis im Kopf zu behalten. Gerade bei diesen Verfahren ist es wichtig, ihr Anliegen zu kennen, um sie erfolgreich zu bewältigen und das Ganze mit Blick auf Taschenrechner nicht als Schikane zu empfinden.

Motorische Leistungstests sollen sowohl die Geschicklichkeit der Hände und Finger als auch das Reaktionsvermögen überprüfen. Sie werden ausschließlich bei Berufen eingesetzt, die entsprechende Fähigkeiten voraussetzen. So muß zum Beispiel ein Fluglotse in sehr kurzer Zeit auf eine Vielzahl optischer und akustischer Signale richtig reagieren können. Die zu Testzwecken eingesetzten Materialien und Geräte können sehr unterschiedlich sein.

Sehr verbreitet sind inzwischen Persönlichkeitstests. Es sind hierbei die sogenannten projektiven und nicht-projektiven Verfahren zu unterscheiden. Erstere bestehen zum Beispiel im Betrachten von Klecksbildern oder Farbskalen, zu denen der Proband spontan assoziative Kommentare abgeben soll. Selbstverständlich gehört die Auswertung ausschließlich in die Hand erfahrener Psychologen; trotzdem sind die Interpretationsmöglichkeiten so vielfältig, daß die Objektivität solcher Tests umstritten ist. Nicht-projektive Verfahren arbeiten mit Multiple-Choice-Fragen zu Vorlieben und Abneigungen, persönlichen Meinungen und Einstellungen, die möglichst wahrheitsgemäß beantwortet werden sollen. Versucht der Proband nämlich, sich an den vermeintlichen Wunschantworten des Arbeitgebers zu orientieren, fällt das spätestens bei den sogenannten Lügenfragen auf (sinngemäß gleiche Fragen werden an anderer Stelle wiederholt).

Testverfahren sind also ein leidiges Thema. Doch Grund zu allzuviel Angst besteht nicht, denn man kann sich – in Grenzen – darauf vorbereiten. Einschlägige Literatur – Testknacker – gibt es für relativ wenig Geld in jeder Buchhandlung zu kaufen. Sie sollten sie aber allenfalls dazu benutzen, Aufgabenstellungen in ihrer Art, ihrem Aufbau und ihrer Zusammensetzung kennenzulernen. Ein gewisser Übungseffekt kann sicherlich nicht schaden. Doch tun Sie hier des Guten zuviel, dann kann das in

manchen Fällen Ihre Fähigkeit herabsetzen, sich auf ganz anders geartete Testverfahren umzustellen. Auch Standardtestverfahren existieren in mehreren Parallelformen. Außerdem sind, wie bereits gesagt, die Zusammenstellungen sehr unterschiedlich und damit kaum vorhersehbar.
Unnötige Ängste werden vielfach dadurch ausgelöst, daß man bei der Bearbeitung der Aufgaben praktisch so gut wie nie bis zum Ende kommt. Dazu muß man einfach wissen, daß qualitativ gute Testverfahren an einer so breiten Bevölkerungsmenge ausprobiert werden, daß theoretisch nur „Überflieger" mit dem Zeitrahmen der jeweiligen Aufgabenstellung auskommen und somit erfaßt werden können. Haben Sie im Durchschnitt 60 bis 75 Prozent gelöst, gehören Sie bereits zu den besseren Kandidaten. Nicht alle Tests sind inhaltlich unmittelbar auf den zukünftigen Einsatzbereich ausgerichtet; es gibt reine Konzentrationstests, deren Daseinsberechtigung erst durch die besonderen Anforderungen bestimmter Berufe gegeben ist. Haben sie längere Zeitvorgaben, versuchen Sie, sich die Aufgaben einzuteilen. Kommen Sie mit einer Aufgabenstellung überhaupt nicht zurecht, gehen Sie lieber zur nächsten über. Verschieben Sie aber auch nicht alle schwierigen bis ans Ende, sonst reicht die Zeit schließlich doch nicht mehr aus. Auch sollte man nicht vergessen, daß schwierige Aufgaben meist natürlich mehr Punkte bringen – vorausgesetzt, man hat die richtige Lösung gefunden.
Achten Sie auf gewisse formale Kriterien wie zum Beispiel einen genügend breiten Korrekturrand und eine halbwegs leserliche Schrift. Zur Lösung gehört auch eine erkennbare Systematik bei der Bearbeitung, zum Beispiel die Gliederung bei einem Aufsatz oder einer Stellungnahme.
Bestehen Sie darauf, daß Ihnen die Abfolge und die Ziele von Tests zu Anfang gut erklärt werden. Bitten Sie bei Zweifeln oder Verständnisschwierigkeiten unmittelbar um Aufklärung. Zu einem späteren Zeitpunkt könnten diesbezügliche Fragen als pure Taktik gewertet werden oder als Versuch, Zeit zu gewinnen.
Stürzen Sie sich nicht gleich auf die erste Aufgabe, die Sie beim Überfliegen für leicht lösbar gehalten haben. Das kann übel ausgehen: Sie brauchen nur ein „Un-" oder ein „Nicht" zu überlesen, und schon geht Ihre Antwort in die falsche Richtung. Zwingen Sie sich dazu, die Aufgabenstellungen vollständig und konzentriert durchzulesen, auch wenn es unnötig erscheint. Beginnen Sie vor allem erst, wenn Sie alle Ergänzungen, Korrekturen und Bemerkungen des Testleiters angehört haben. Sorgen Sie schließlich dafür, daß sie ausgeruht zum Termin erscheinen und so gut wie möglich informiert sind – dann kann eigentlich kaum etwas schiefgehen.
Ergänzend soll noch kurz auf biographische Fragebögen eingegangen werden, die innerhalb der Versicherungsbranche entstanden sind. Dort legte man sich nach einigen verfehlten Einstellungen für den Außendienst die Frage vor, warum einige Mitarbeiter außerordentlich erfolgreich waren und andere gar nicht oder allenfalls in Maßen. Da neben dem persönlichen Gespräch die Lebensläufe für Einstellungen maßgeblich waren, begann man, diese miteinander zu vergleichen, das heißt eine Art repräsentativen Querschnitt der erfolgreichen und wenig erfolgreichen Mitar-

beiter zu erstellen, um herauszufinden, welche Gemeinsamkeiten oder Unterschiede es gibt. Es ergaben sich verblüffende Ähnlichkeiten der Lebensläufe von alten und neueingestellten erfolgreichen Verkäufern – bis hin zu Übereinstimmungen der Familienverhältnisse. Was lag also näher als der Beschluß, zukünftig bei Einstellungen einen Fragebogen zu verwenden, der die wesentlichen Lebenslaufkriterien der erfolgreichen Außendienstmitarbeiter enthält. Das Ergebnis entscheidet seither meist darüber, ob Bewerber zum Vorstellungsgespräch eingeladen werden.

Etwas länger aufhalten müssen wir uns bei einem psychologischen Testverfahren, dem Assessment-Center, das nach entsprechenden Untersuchungsergebnissen im Rahmen der Personalauswahl zu den Vorhersage-Instrumenten mit der höchsten Trefferquote gehört und das deshalb zwischenzeitlich – vor allem in Großunternehmen – weit verbreitet ist. Sie finden dieses Instrument hauptsächlich deshalb in Konzernen vor, weil es sich um ein sehr aufwendiges und teures Verfahren handelt, das sich für viele mittelständische Unternehmen nicht lohnt beziehungsweise diese es sich nicht leisten können oder wollen.

Biographische Fragebögen und Assessment-Center haben gemeinsam, daß sie als einzige von den Erfordernissen der zu besetzenden Position oder von bestimmten Aufgaben beziehungsweise Verantwortungsbereichen ausgehen zum Beispiel Vertrieb, Marketing und sich nicht – wie die übrigen Testverfahren – am Individuum beziehungsweise der repräsentativen Gruppe eines bestimmten Alters und einer bestimmten Bildungsschicht orientieren. Die bei Tests stets erforderliche Standardisierung erfolgt auf der Basis des beruflichen Einsatzgebietes. Assessment-Center werden von daher meist in zwei konkreten Situationen eingesetzt: erstens bei Hochschulabsolventen, die ihre erste Position suchen, also bei Bewerbern ohne Berufserfahrung, die aufgrund ihrer vergleichsweise hohen Qualifikation jedoch mittelfristig in wichtigen und verantwortungsvollen Positionen eingesetzt werden sollen; zweitens bei sogenannten Potentialanalysen und vor Beförderungen in wichtige Managementpositionen. In diesem Sinne gehört das Verfahren bei etlichen Großunternehmen bereits zur firmeninternen Kultur im Rahmen der Personalförderung und -entwicklung.

Doch was ist nun ein Assessment-Center? Es handelt sich dabei um ein normalerweise ein- bis dreitägiges Auswahlverfahren, das – sehr stark verallgemeinert – Ihre zukünftige berufliche Arbeitsrealität so wirklichkeitsgetreu wie möglich simuliert. Sie werden also mindestens einen ganzen Tag lang mit wechselnden Übungen und Aufgaben konfrontiert – teils konkret, teils auf abstraktere Weise –, die ermöglichen sollen, zu überprüfen und herauszufinden, ob Sie ein geeigneter potentieller Mitarbeiter mit Zukunft sind, also einer, der zum förderungswürdigen Entwicklungspotential zählt. Es liegt auf der Hand: Je weniger Berufserfahrung jemand hat, desto vager und risikoreicher sind zwangsläufig die Prognosen, aber über Zeugnisse oder bisherige Beschäftigungsverhältnisse ergeben sich ja kaum überprüfbare Anhaltspunkte für Ihre zukünftigen Heldentaten.

Beispiel für die erwähnten konkreten Aufgaben ist das sogenannte Postkorbspiel: Sie erhalten einen Ablagekorb

mit einer ganzen Anzahl von Schreiben, die reale Geschäftsvorgänge darstellen, also Anfragen, Beschwerden, Aufträge eines Vorgesetzten und so weiter. Diese müssen Sie, nachdem Ihnen Ihre Spielfunktion – zum Beispiel neueingestellter Marketingleiter – erläutert worden ist, in einer vorgegebenen Zeit bearbeiten. Bearbeiten heißt dabei, auf den Schriftstücken zu vermerken, was damit passieren soll, also: Ihre Entscheidung. Der erste Fehler, den viele dabei begehen, ist der, diesen Postkorb in der vorgegebenen Zeit Blatt für Blatt abzuarbeiten anstatt ihn als erstes ganz durchzusehen, um eine Prioritätenliste zu erstellen und danach vorzugehen. Weitere Tücken sind sich überschneidende Termine oder mehrere, sich widersprechende Weisungen.
Ein weiteres „Spiel" ist die Diskussion mit vorgegebenem Thema: Innerhalb der Gruppe der eingeladenen Bewerber werden als Rollen verschiedene Führungspositionen in einem Unternehmen verteilt. Die Aufgabenstellung lautet dann zum Beispiel: Der Vorstandsvorsitzende oder Geschäftsführer hat in einem Rundschreiben an seine Führungskräfte angeordnet, daß im Unternehmen dringend die Kosten gesenkt werden müssen. Sie haben nun in der Runde Vorschläge dafür zu erarbeiten. Dies ist ein sehr beliebtes Spiel, um herauszufinden, welche Bewerber Phantasie haben, welche auf konstruktive Zusammenarbeit oder ausschließlich auf das eigene Wohl bedacht sind und vieles mehr. Eine andere Einzelübung hat die Vorgabe, daß Sie konkrete Vorschläge für eine Erweiterung der Produktpalette gemacht haben, der Vorstand zumindest interessiert ist und Sie nun die Gelegenheit erhalten, ihm diese innerhalb von zwanzig Minuten vorzutragen und zu begründen. Es liegt auf der Hand, daß an dem Ergebnis dieser Aufgabe überprüft werden kann, ob Sie unter Zeitdruck konzentriert arbeiten können – bei vielleicht einer halben bis einer Stunde Vorbereitungszeit –, wie es um Ihre Präsentationsfähigkeiten steht und in welcher Art und Weise Sie mit Widerspruch oder mangelnder Akzeptanz umgehen.
Bei den hier kurz beschriebenen Übungen, die wirklich nur einen kleinen Ausschnitt darstellen, sind Sie im Kreise mehrerer Bewerber, lernen also die Konkurrenz kennen und werden von Psychologen und Fachvorgesetzten beobachtet. Erfahrungsgemäß vergessen die Probanden ihre Beobachter im Eifer des Gefechtes schon nach kurzer Zeit; es geht also verhältnismäßig normal und lebendig zu. Ein weiterer Vorteil beim Assessment-Center-Verfahren ist, daß Sie am Ende eine persönliche Rückmeldung erhalten, das heißt, Sie bekommen keinen Standard-Absagebrief, wenn es nicht geklappt hat, sondern eine recht differenzierte Erläuterung Ihrer Stärken und Schwächen sowie wertvolle Hinweise, wo und unter Umständen auch wie Sie noch an sich arbeiten müssen. Darüber hinaus können Sie davon ausgehen, daß das Ergebnis im Kreis der Beobachter bisweilen zu heftigen Diskussionen führt und damit zwangsläufig objektiver ist, als wenn Sie einem einzelnen Interviewer gegenüber säßen – für die Verlierer vielleicht ein gewisser Trost, für die Gewinner ein außerordentlicher Ansporn.
Abschließend möchte ich noch kurz auf einen anderen Begriff eingehen, der hin und wieder in der Szene herumgeistert: das Streßinterview. Es hat seinen Ursprung in den USA und bedeutet den ernsthaften Versuch, einen Bewerber

in einem Vorstellungsgespräch im wahrsten Sinne des Wortes aus der Fassung zu bringen. Streßinterviews gehen wesentlich weiter als das Verhalten des provokativen Interviewers, das ich in dem Kapitel „Eine kleine Typologie der Interviewer“ beschrieben habe, obwohl natürlich einige Elemente davon vorhanden sind. Streßinterviewer spielen dagegen bewußt eine Rolle und sind unter Umständen gar nicht provokativ veranlagt, sondern setzen Sie systematisch psychisch und emotional unter Druck. Das kann bedeuten, daß Ihre Gesprächspartner (bei solch einer Vorgehensweise haben Sie meist zwei) nach meist extrem langer, nervositätssteigernder Wartezeit alles schlecht machen, was Sie berichten. Erwähnen Sie Ihr Studium und Ihre Hochschule, wird zum Beispiel gesagt, daß man an solch einer Uni doch nicht studieren könne, wenn man noch etwas Verstand habe; oder Ihre Arbeitgeberwechsel ließen erkennen, daß Sie ein Weichling und Schwächling seien und anderes mehr. Einer der aus den USA bekanntgewordenen Extremfälle ging so weit, daß man einer Führungskraft mitten im Vorstellungsgespräch die fiktive Nachricht überbrachte, daß die Ehefrau gerade einen schweren Unfall gehabt hätte, er aber laut Auskunft der Ärzte sowieso nichts tun könne und von ihm erwartet werde, dieses wichtige Gespräch zu Ende zu führen.

Überprüft werden sollen mit einem Streßinterview natürlich Ihre Souveränität, Besonnenheit und Konzentrationsfähigkeit in Extremsituationen. Abgesehen davon, daß es wenig berufliche Einsatzgebiete geben dürfte, die solche Anforderungen stellen, halte ich persönlich solche Tests für menschenunwürdig. Diese Vorgehensweise ist glücklicherweise auch nicht weit verbreitet und wird, wenn überhaupt, bei hochkarätigen Führungspositionen angewandt. Trotzdem sollten Sie in Erinnerung behalten, daß es Ihnen durchaus passieren kann, in einem Interview einmal etwas härter angefaßt zu werden. Da dies konkrete Gründe haben kann, die Ihnen dann naturgemäß nicht bekannt sind, lohnt es sich – sofern nicht bestimmte Grenzen überschritten werden –, zunächst einmal relativ gelassen zu reagieren und das Ganze auf eine sachliche Ebene zurückzuführen. Gerade das könnte den Ausschlag für ein Vertragsangebot geben.

Die Zusage im ersten Gespräch: Vorsicht geboten oder Freude erlaubt?

Eine wirklich schwer zu beantwortende Frage. Ich will hier differenzieren zwischen der Funktionsebene, für die sowieso nur ein Termin vorgesehen ist, und den Positionen, für die üblicherweise wenigstens zwei Gespräche mit unterschiedlichen Interviewern geführt werden. Erhalten Sie im ersteren Fall eine Zusage, ist sicherlich weniger Vorsicht geboten als im letzteren. Vermutlich wundert es Sie, daß ich bei einem so erfreulichen Ereignis doch warnend den Zeigefinger hebe. Eine sehr spontane Pro-Entscheidung direkt im Vorstellungsgespräch ist in der Regel ein deutlicher Hinweis darauf, daß Sie es mit einem sogenannten Bauch-Entscheider zu tun haben. Das kann vielleicht die Basis für eine außerordentlich gute Arbeitsbeziehung sein, sozusagen die Luxusausfertigung eines normalen Ar-

beitsverhältnisses, das durch gegenseitige Sympathie getragen wird. Leider liegt die Betonung auf „kann“. Da gibt es nämlich so einige Risiken, die sich später zu handfesten Problemen auswachsen können. Genauso rasch wie die Sympathie entstanden ist (wohlgemerkt: in einer ganz bestimmten Situation), kann sie auch wieder verschwinden. Oder anders ausgedrückt: Wenn Sie es mit einem emotional denkenden und handelnden Menschen zu tun haben, müssen Sie sich immer auf Überraschungen gefaßt machen. Ein weiteres Problem kann darin bestehen, daß ein Bauch-Entscheider wegen der Sympathie, die er für Sie empfindet, vergißt, wesentliche Sachfragen zu stellen. Sie sind dann häufig nicht in der Lage herauszufinden, ob die angebotene Position wirklich die richtige für Sie ist und ob Sie auch tatsächlich alle Kenntnisse und Fertigkeiten besitzen, die dafür erforderlich sind – was mit Sicherheit im beiderseitigen Interesse läge.
Um also eine solche Spontanentscheidung für Sie akzeptabel zu machen, müßte Ihr Gesprächspartner gute Argumente haben, zum Beispiel daß Sie der letzte von vergleichsweise wenigen Bewerbern sind, daß Sie als einziger bestimmte Fachkenntnisse besitzen, oder ähnlich überzeugende Entscheidungskriterien. Trotz allem wäre es der zukünftigen Zusammenarbeit zuträglicher, wenn beide Seiten eine so gewichtige Entscheidung wenigstens einmal überschlafen würden. Das sollte einen Interviewer selbstverständlich nicht davon abhalten, ein besonders zufriedenstellendes Vorstellungsgespräch mit einer positiven Rückmeldung zu beenden und dem Bewerber durchaus zu verstehen zu geben, daß er in der engsten Wahl ist.

Die Frage ist nun, wie reagiert man in einer solchen, im Prinzip ja sehr erfreulichen Situation? Natürlich sollten Sie Ihren Interviewer, der mit Sicherheit der Überzeugung ist, Ihnen etwas Gutes getan zu haben, keinesfalls vor den Kopf stoßen. Haben Sie aber den Eindruck, daß vor lauter Sympathie die Sachthemen zu kurz gekommen sind, können Sie Ihre Freude über die Entscheidung zum Ausdruck bringen, gleichzeitig aber darum bitten, daß zu Ihrer eigenen Sicherheit doch noch einige Dinge angesprochen werden. Oder Sie sagen, daß Sie sich zwar über die Zusage ungeheuer freuen, aber zunächst noch einmal für sich alles sortieren möchten, um herauszufinden, ob sich noch Fragen ergeben, und daß Sie von daher um ein oder zwei Tage Bedenkzeit bitten.
Um auf die Eingangsfrage zurückzukommen: Im Fazit ist zwar Freude erlaubt, aber gleichzeitig Vorsicht geboten – unter bestimmten Voraussetzungen auch dringend geboten.

Checkliste

- Seien Sie vorsichtig bei spontanen Zusagen: Stellen Sie sicher, daß alle Sachfragen zur Sprache gekommen sind.
- Geben Sie Ihrer Freude Ausdruck, bitten Sie aber um ein oder zwei Tage Bedenkzeit.

Die Absage: aus Niederlagen lernen

Die Absage nach einem Vorstellungsgespräch ist für manche eine mittlere Katastrophe; andere haben im Laufe ihres beruflichen Lebens einen ganzen Ordner voll davon gesammelt, ohne sich viel daraus zu machen. Eine allgemeine Rezession oder ungünstige persönliche Rahmenbedingungen mögen dafür verantwortlich sein. In jedem Fall muß Ihre Frage lauten: Könnte ich etwas besser machen? Sind mir vielleicht sogar grobe Fehler unterlaufen? – Oder zählen Sie etwa zu diesen Spezialisten, die nach solchen negativen Nachrichten immer davon überzeugt sind, daß die Umstände schuld waren (was auch immer das heißen mag) oder jemand, der Sie nicht leiden konnte, jedenfalls nie Sie selbst. Solche Menschen lernen zu keinem Zeitpunkt aus eigenen Fehlern und lassen sich ebenso blauäugig auf die nächste Situation ein, die dann womöglich weitere negative Überraschungen bringt.

Natürlich gibt es Absagen, die mit Ihnen, Ihren Fähigkeiten und Ihrer Selbstdarstellung wenig zu tun haben. Andererseits findet meist während des Gespräches irgendeine Weichenstellung statt, ab der die Dinge nicht mehr so laufen, wie sie laufen sollen. Ein wenig gezielte Gewissenserforschung kann durchaus Licht in die Angelegenheit bringen. Manchmal gibt es mutige Personalleiter oder auch Personalberater, die Ihnen erläutern, warum es schiefgegangen ist. Fast immer gibt es etwas, das Sie besser machen können: Vielfach merken Sie das ja bereits selbst aufgrund zunehmender Erfahrung, die bei mehreren Gesprächen in unterschiedlicher Umgebung zwangsläufig entsteht. Je mehr Interviewstile und Personen Sie erlebt haben, desto größer wird mit der Zeit auch Ihr Repertoire an Reaktionsmöglichkeiten. Hinzu kommt das Training der Wahrnehmung, das Ihnen nach einiger Zeit ermöglichen wird, Situationen auch im nachhinein auszuwerten und zu beurteilen.

Nehmen Sie Absagen also nicht als Tragödie, sondern als Übungseffekt – wenn auch einen schmerzhaften. Natürlich ist Ärger – auch über sich selbst – erlaubt und sogar geboten, etwa wenn Sie einen Fehler begangen haben, der eigentlich nicht hätte passieren dürfen. Wer in diesem Zusammenhang zu nachsichtig mit sich selbst ist, verspielt Chancen! Fehler dürfen passieren, aber sie sollten sich zumindest nicht wiederholen. Ich bin kein Anhänger der These, daß Menschen, die viele Fehler machen, zwangsläufig auch viel gearbeitet haben; auch das Gegenteil kann durchaus zutreffen. Und ich behaupte, daß die wenigsten Menschen gelernt haben, aus Niederlagen einen Nutzen zu ziehen. Da ehrliche Fehleranalysen in gewisser Weise weh tun, werden sie häufig vermieden. Es ist für mich immer wieder erstaunlich, wie wenig die meisten Menschen darin geübt sind, Einzelbeobachtungen zu einem Gesamtbild zusammenzusetzen. Viele Fehler brauchten sich nicht zu wiederholen, wären die Fakten vorher sortiert und interpretiert worden. Dies ist ungefähr die gleiche Schwachstelle, die ich bereits in einem früheren Teil dieses Buches angesprochen habe, nämlich die oft wenig ausgeprägte Fähigkeit, etwas auszuwerten, zum Beispiel Berufserfahrungen. Meist wird sogar trotz heftigen Nachdenkens während der auf das Vorstellungsgespräch folgenden Wartezeit alles nur auf die konkrete Situation dieses einen Gespräches bezogen und nicht in Richtung möglicher Kernfehler gedacht, wie zum Beispiel jemandem häufig ins Wort zu fallen, wenn er gerade dabei ist, seine eigene Geschichte loszuwerden. Durch die zwangsläufig mit selbstkritischen Erkenntnisprozessen verbundenen Tiefs muß man hindurch, auch wenn sie häufig mit einem deutlichen Gefühl der Niedergeschlagenheit verbunden sind. Enttäuschungen sind auch dazu da, Wünsche, Ziele oder gar Träume in regelmäßigen Abständen der Realität anzupassen. Wenn Sie sich das fünfte Mal um Ihre Traumposition in einer ganz bestimmten Branche beworben haben, aber immer wieder abgelehnt werden mit dem Hinweis, daß Ihr Lebenslauf zu wenig Berührungspunkte mit dem Einsatzgebiet habe, müssen Sie entweder Ihre Argumentationslinie ändern oder Ihren Traumberuf begraben und eine Position suchen, die Ihrem Werdegang besser entspricht. Ziele können unrealistisch, einfach nur zu früh oder zu spät angepeilt worden sein oder vielleicht tatsächlich nicht Ihrer Leistungsfähigkeit entsprechen. Dann müssen sie eben revidiert werden, oder Sie brauchen einfach mehr Zeit und Geduld: Die Bewerbung um die Bereichsleiterfunktion muß eben noch drei Jahre warten. Auch vielversprechende Talente können sich durch einen zu frühen und gleichzeitig zu großen Schritt sehr empfindlich beeinträchtigen und dadurch ziemlich geknickt sein; aber das ist die Sache in den seltensten Fällen wert.

Checkliste

- Versuchen Sie, eine Absage positiv zu sehen: Jedes Vorstellungsgespräch hat einen Übungseffekt, trainiert Ihre Wahrnehmungsfähigkeit.
- Versuchen Sie, aus Fehlern zu lernen und sie nicht ein zweites Mal zu machen.
- Trainieren Sie Ihre Fähigkeit, Einzelbeobachtungen zu einem Gesamtbild zusammenzusetzen.
- Schieben Sie nicht die Schuld auf die Situation als solche, sondern versuchen Sie herauszufinden, welche Fehler Sie gemacht haben.
- Passen Sie Ihre Wünsche, Ziele oder Träume in regelmäßigen Abständen der Realität an.
- Überlegen Sie, ob Sie ein Ziel nicht einfach nur zu früh erreichen wollten oder ob es tatsächlich Ihre Leistungsfähigkeit übersteigt.

Die Einladung zum zweiten Gespräch – es wird ernst!

Die Einladung zum zweiten Gespräch ist da, oder dieser zweite Termin wurde bereits beim ersten mündlich vereinbart. Das ist ein klarer Grund zur Freude, weil es ein Kompliment an Ihre Kenntnisse, Fähigkeiten und an Ihre Selbstdarstellung ist, aber kein Grund zu Übermut. Sie sind in der engsten Wahl, und das Interesse an Ihnen ist unbestritten groß. Andererseits ist die Konkurrenz härter geworden, weil es wahrscheinlich nur noch ein oder zwei Mitbewerber gibt, die ebenfalls alle Hürden erfolgreich überwunden haben. Daß eine zweite Runde stattfindet, signalisiert ja in den seltensten Fällen ausschließliches Interesse an Ihrer Person, sondern ist vielfach ein Zeichen dafür, daß jetzt nur noch eine kleine Gruppe von Kandidaten (im Unterschied zu Bewerbern) übrig ist, zwischen denen die Entscheidung schwer fällt, weil sie entweder vergleichbar gut sind oder sehr unterschiedliche Stärken und Schwächen haben. Für den Arbeitgeber beziehungsweise den Vorgesetzten bedeutet das, je nach Kandidat an unterschiedlichen Stellen Kompromisse machen zu müssen. An dem einen gibt es beispielsweise fachlich überhaupt nichts auszusetzen, dafür wirkt ein bestimmtes Persönlichkeitsmerkmal störend; beim anderen ist es genau umgekehrt: Persönliche Sympathie würde sofort für seine Einstellung sprechen, man möchte aber nicht übersehen oder kann nicht leugnen, daß es da eine konkrete fachliche Schwachstelle gibt, die sich negativ auf die Erledigung der Aufgaben auswirken kann. Bei einem weiteren Kandidaten ist der Hauptnachteil, daß er aufgrund seiner extrem langen Kündigungsfrist erst zu einem sehr späten Zeitpunkt zur Verfügung stehen wird.

Sie können sich beim zweiten Termin durchaus in einer mit dem ersten Gespräch vergleichbaren Situation wiederfinden,falls Sie bisher mit Mitarbeitern des Unternehmens gesprochen hatten, die nicht zu einer endgültigen Entscheidung befugt waren, und Sie nun erstmals auf die oder den Entscheidungsträger treffen. Auch ist denkbar, daß Sie tatsächlich der einzige verbliebene Kandidat sind, aber noch nicht alle Beteiligten „genickt“ haben.

Den Vertrag schon fast in der Tasche?

Mit dem Vorspann habe ich Ihnen einen kleinen – keineswegs vollständigen – Einblick in mögliche Ausgangssituationen des Unternehmens gegeben, das Sie erneut eingeladen hat. Sie können daran sehen, daß es äußerst risikoreich sein kann, jetzt schon so zu tun, als ob der Rest nur noch eine Formsache wäre. Gefährlich ist eine solche Einstellung vor allem darum, weil bei vergleichbar guten Bewerbern in der Endrunde Nuancen über das „Ja“ oder das „Nein“ entscheiden können. Interviewer, die nämlich bisher strikt nach sachlichen und fachlichen Kriterien vorgegangen sind, erlauben sich in diesem Stadium nicht selten eine emotionale Entscheidung. Wenn Sie einmal versuchen, sich in die Gegenseite hineinzuversetzen, würden Sie dann nicht auch nach Abklären und Abhaken der fachlich-sachlichen Notwendigkeiten lieber mit demjenigen zusammenarbeiten, der Ihnen am sympathischsten ist? Ich nannte dies an anderer Stelle die Luxusausfertigung einer Zusammenarbeit, die in keinem Arbeitsvertrag vereinbart werden kann. Zu häufig müssen schließlich im Berufsleben auf diesem Sektor Kompromisse (manchmal zu große) gemacht werden, weil ein Vorgesetzter beziehungsweise ein Unternehmen auf ein ganz bestimmtes, nicht so häufig anzutreffendes Fachwissen angewiesen ist. Um wieviel vergnüglicher ist dagegen die Kooperation mit jemandem, dessen Zimmer man gerne betritt, dessen Rat man nicht nur wegen seiner Fachkompetenz zu schätzen weiß und mit dem man auch einmal ein persönliches Wort wechseln kann. Für Ihr Verhalten bedeutet das im Rückschluß: Vermeiden Sie jede Form von Arroganz, und strahlen Sie keinesfalls die Sicherheit aus, den Job bereits in der Tasche zu haben. Dieses zweite Gespräch kann nicht nur das härtere, sondern auch das risikoreichere sein, weil dabei Kleinigkeiten Beachtung finden, die beim ersten Mal großzügig übersehen wurden: Schließlich wußten Ihre Gesprächspartner am Anfang nicht, wer noch kommt, und sie wollten niemanden vergraulen, auf den sie zuletzt vielleicht angewiesen sein würden. Eventuell sind auch bestimmte Entscheidungskriterien bewußt für das zweite Gespräch aufgehoben worden. Einige Bewerber sind gar so neugierig oder wißbegierig, daß sie fragen, wie viele Bewerber zum Interview eingeladen wurden, obwohl Ihnen eine Antwort in den seltensten Fällen viel weiter hilft. Irgendwie scheint die Zahl der Mitbewerber für viele ein wesentlicher Punkt im Hinblick auf die persönlichen Chancen zu sein, und ich selbst habe diese Frage danach schon recht häufig beantwortet. Meist bin ich dabei sogar so weit gegangen, die reale Situation zu schildern und dabei die Schwachstellen der noch im Rennen verbliebenen Kandidaten kurz zu benennen, um Möglichkeiten zum Gegensteuern oder Ergänzen aufzuzeigen. Ich möchte aber sehr deutlich sagen, daß Sie diese Informationen nicht sehr häufig erhalten und das Zweitinterview für Sie meistens eine Art Blackbox bleibt mit allen dazugehörigen Risiken.

Checkliste

- Denken Sie daran, daß es nach dem ersten Gespräch noch mehrere Kandidaten gibt: Jetzt entscheiden Nuancen.
- Vermeiden Sie eine Ausstrahlung, als hätte der Arbeitgeber den Vertrag schon unterschrieben.
- Vergessen Sie nicht, daß das zweite Gespräch das risikoreichere sein kann.

Die Vorbereitung auf das zweite Gespräch

Die Vorbereitung hängt ein wenig davon ab, welche Art von zweitem Gespräch Ihnen bevorsteht. Sollen Sie „nur" andere Mitarbeiter des Unternehmens – eventuell Entscheidungsträger – kennenlernen, oder soll nach einem persönlichen Kennenlernen nun vielleicht mit dem zukünftigen Fachvorgesetzten in die Tiefe gegangen werden?

Faustregel für die Vorbereitung ist: Haben Sie die „Fachsimpelei" bereits erfolgreich hinter sich gebracht und sollen Sie nun aus formalen oder aus Gründen der Höflichkeit dem nächsthöheren Vorgesetzten vorgestellt werden, kommen die Themen mit Sicherheit in erster Linie aus allgemeinen Interessenbereichen oder sie gelten Ihrer Persönlichkeit und Ihren Motiven für einen Vertragsabschluß. Haben Sie dagegen bisher mit dem Personalverantwortlichen gesprochen, wird der zukünftige Fachvorgesetzte schwerpunktmäßig Ihre einschlägigen, für die Position relevanten Fachkenntnisse überprüfen und gleichzeitig herausfinden wollen, ob Sie zu ihm und zum bereits vorhandenen Team passen. In letzterem Fall kann es beispielsweise einen guten Eindruck machen, wenn Sie nach erfolgreichem Zweitgespräch darum bitten, noch einige weitere zukünftige Kollegen kennenlernen zu können.

Jedenfalls hängen Zielsetzung und Ausmaß Ihrer Vorbereitung von der bisherigen Konstellation ab. Sollte Ihr erster Interviewer Ihnen weder zum Ende des Gespräches noch in der darauf folgenden Einladung mitgeteilt haben, mit wem Sie weiterhin sprechen werden, sind Sie durchaus befugt, in einem Telefonanruf danach zu fragen und so zu verdeutlichen, daß Sie sich selbstverständlich auf das zweite Gespräch ebenso sorgfältig vorbereiten wollen wie auf das erste. Bei einer solchen Begründung kann man Ihnen diese Auskunft schlecht verweigern. Kommt also eine Fachdiskussion auf Sie zu, ist es ratsam, nicht nur die entsprechende Terminologie zu beherrschen, sondern auch einmal in neuere Literatur Ihres Gebietes hineingesehen zu haben. Das soll zwar auf keinen Fall dazu führen, daß Sie Ihr Gegenüber mit Zitaten totschlagen, aber es kann keinesfalls schaden, auf diese Weise zu dokumentieren, daß Ihnen die wesentlichen Fachzeitschriften nicht nur vom Titelblatt her bekannt sind, sondern Sie sie ab und zu auch aufschlagen. Ein wichtiger Tip in diesem Zusammenhang: Sollten Sie sich bisher – aus welchen Gründen auch immer – wenig mit Fachzeitschriften beschäftigt haben, dann informieren Sie sich nicht nur über deren korrekte Titelbezeichnungen, sondern sehen Sie sich sehr genau den Aufbau, die Gliederung des Inhaltes und die Rubriken an. Am günstigsten wäre, wenn Sie sich von jeder Zeitschrift ein bis zwei Exemplare besorgen und sie auf diese Punkte hin gründlich studieren. Da Sie nicht von heute auf morgen alle wesentlichen Fachartikel nachlesen können, ist es ein guter Kompromiß, sich in der Struktur gut auszukennen. Wenn Ihnen die Zeitschrift vertraut ist, wird Ihnen eher verziehen, daß Sie „noch nicht dazu gekommen" sind, einen bestimmten Artikel zu lesen (das läßt auf Ihre Arbeitsbelastung schließen). Gut ist auch, wenn Sie in der Lage sind, Fachpublikationen in Ihrer Benutzerfreundlichkeit gegeneinander abzugrenzen beziehungsweise miteinander zu vergleichen. Damit können Sie eine Menge fehlendes Wissen zum Inhalt kompensieren. Natürlich darf dabei ein bestimmter minimaler Kenntnisstand nicht unterschritten werden.

Ganz anders die Vorbereitung auf Gespräche, in denen Sie jemand „nur" kennenlernen möchte. Bei diesen Unterhaltungen wird tendenziell eher „geplaudert", was gerade exzellenten Fachleuten manchmal weniger liegt. Hier besteht dann das Risiko darin, daß Sie von einem Fachvorgesetzten mit sehr viel Vorschußlorbeeren avisiert wurden, die Interessenlage des neuen Gesprächspartners jedoch eine völlig andere ist. Für ihn kann zum Beispiel von entscheidender Bedeutung sein, mit welchen Aktivitäten Sie Ihre Freizeit füllen, welcher Berufsphilosophie Sie anhängen (warum Sie eigentlich arbeiten, abgesehen von der Notwendigkeit Geld zu verdienen), woran Sie glauben, mit welchen Menschen Sie am liebsten beziehungsweise am besten zusammenarbeiten oder welche Anforderungen Sie an Vorgesetzte stellen und anderes mehr. Sind Sie jemand, dem nicht mehr sehr viel einfällt, wenn er nicht zu fachlichen Dingen befragt wird, haben Sie spätestens in diesem Stadium der Personalauswahl schlechte Karten. Nach den Vorschußlorbeeren, auch wenn sie sich auf etwas ganz anderes bezogen, ist die Enttäuschung unter Umständen besonders groß. Die Absage wird dann nicht selten so begründet: Sie passen nicht zu uns! – Vergessen Sie nie, sich gerade bei solchen Vorstellungsgesprächen in die Situation und damit die Interessenlage Ihres Gegenübers zu versetzen! Sprechen Sie mit einem Vorstandsmitglied oder dem alleinigen Geschäftsführer des Unternehmens, dann interessieren diesen weniger die Situation in einer Abteilung und die fachlichen Notwendigkeiten eines Arbeitsplatzes – er kennt sie häufig gar nicht –, sondern ein solcher Gesprächspartner denkt in Kategorien des Gesamtunternehmens und zum Beispiel auch daran, ob er Ihnen gerne auf dem Flur seiner eigenen Firma wieder begegnen möchte. Also wird er Sie in den seltensten Fällen nach den einzelnen Stationen Ihres beruflichen Werdeganges befragen, zumal er berechtigterweise davon ausgehen kann, daß das schon andere erledigt haben, sondern er benutzt vielleicht als Gesprächsaufhänger, daß Sie gegebenenfalls in derselben Stadt wie er aufgewachsen sind, oder er will wissen, was sich zwischenzeitlich an einer bestimmten Hochschule verändert hat und ob es diese oder jene Kneipe noch gibt, weil er an derselben Hochschule studiert hat. Beliebte Fragen sind auch: Warum wollen Sie eigentlich bei uns arbeiten? Halten Sie sich für ehrgeizig? Wie stehen Sie zu Überstunden? Was tun Sie, wenn wir Sie in eine unserer Niederlassungen im Ausland versetzen wollen?

Sie tun gut daran, sich auf eine solche Gesprächsebene und vielleicht auch sogar auf die ein oder andere „philosophische" Frage einzustellen – das erfordert hin und wieder auch lautes Denken, übrigens eine Anforderung, vor der die meisten Bewerber Angst haben. Merken Sie sich jedenfalls folgendes: Je höher jemand in der Hierarchie gekommen ist, desto eher wird er durch Art und Inhalt des Gespräches deutlich machen, daß er mit dem Tagesgeschäft einzelner Arbeitsplätze nur noch wenig zu tun hat und seine Interessen zwischenzeitlich andere sind. Versuchen Sie also, so viel wie möglich über die Partner Ihres zweiten Gespräches herauszufinden.

Checkliste

- Je nach Inhalt des ersten Gespräches müssen Sie sich jetzt eher auf persönliche oder eher auf fachliche Fragen einrichten.
- Fragen Sie durchaus nach, wer Ihre Gesprächspartner sein werden.
- Für eine Fachdiskussion sollten Sie sich in der entsprechenden Literatur Ihres Gebietes auskennen.
- Sehen Sie sich zumindest den Aufbau verschiedener Fachzeitschriften an, um sie miteinander vergleichen zu können.
- In einem eher persönlichen Gespräch soll herausgefunden werden, ob Sie in das Unternehmen, in das Team passen.

Welche Informationen brauchen Sie noch für Ihre Entscheidung?

Sie erinnern sich sicher an meine Ausführungen im Kapitel „Was sollte auf jeden Fall angesprochen werden?", in dem ich Ihnen einen kleinen Einblick in den Spickzettel der Gegenseite geboten habe. Die dort aufgeführten Punkte bezeichnete ich als Orientierungshilfen, um Ihrerseits Lücken durch Fragen schließen zu können. Darüber hinaus sollten Sie anhand der Aussagen im Kapitel „Fragenkatalog für das erste Gespräch" überprüfen, ob die dort angeführten inhaltlichen und formalen Fragen bereits vollzählig und umfassend beantwortet sind. Das zweite Gespräch bietet meist die letzte Chance, Versäumtes nachzuholen und sich eine solide Entscheidungsgrundlage zu schaffen.
Rekapitulieren wir also das erforderliche „Fragenprogramm": Wissen Sie genug über das Unternehmen, dessen Mitarbeiter Sie werden wollen? Dazu gehören nicht nur die harten Fakten wie Umsatzzahlen, Gewinnsituation, Exportanteil, Märkte, Zielgruppen für Produkte oder Dienstleistungen, Marktstellung, Mitarbeiterzahl, Unternehmensziele und ähnliches, sondern auch die sogenannten weichen Faktoren wie Unternehmensphilosophie, Einstellungs- und Beförderungspolitik, Beurteilungswesen und so weiter. Damit sind wir schon mitten in weiteren inhaltlichen Fragen, die nicht unbedingt Themen des ersten Gespräches sein sollten, um der Entscheidung des Arbeitgebers in keiner Weise vorzugreifen. Aber danach sollten Sie sich dafür interessieren, welche Einarbeitungsdauer und welche Unterstützung

während dieser Phase für Sie vorgesehen sind. So kann es sein, daß es ein Mentorenprinzip gibt, Sie also einem erfahrenen Kollegen anvertraut werden, der Sie gegebenenfalls auch davor bewahren kann, ins Fettnäpfchen zu treten. Sollte dies nicht der Fall sein – da es sich beim Mentorenprinzip um ein relativ modernes Personalarbeitsinstrument handelt –, fragen Sie ruhig nach, wer sich denn am Anfang um Sie kümmern und Ihnen Einblicke in die so wichtigen ungeschriebenen Firmengesetze verschaffen wird. Vielleicht hat Ihr potentieller Arbeitgeber über dieses Problem noch gar nicht nachgedacht, und Sie können hier einen wertvollen Gedankenanstoß geben. Wichtig ist auch, welche technischen und nichttechnischen Hilfsmittel (PC beziehungsweise Nachschlagewerke, Fachzeitschriften und so weiter) Ihnen zur Verfügung gestellt werden oder wer über deren Beschaffung entscheidet. Ebenfalls zu den wesentlichen inhaltlichen Fragen gehört, wie groß Ihr persönlicher Handlungs- und Entscheidungsspielraum ist. Festmachen läßt sich dies beispielsweise an geschäftlichen Alltagssituationen und dem von Ihnen dann erwarteten Verhalten. Einiges zu diesem Thema läßt sich naturgemäß auch an der Stellung in der Hierarchie festmachen und aus dem Organigramm des Unternehmens ablesen.

Ergänzt werden müssen diese inhaltlichen Themen um die noch offenen formalen Fragen, die überwiegend nicht ins erste Gespräch gehören, weil sie den Eindruck vermitteln würden, daß sich ein Bewerber seiner Sache zu sicher ist. Ich habe in diesem Zusammenhang schon mehrfach erlebt, daß auf diese Weise bis dahin noch geschätzte Bewerber sehr schnell unten durch waren. Wer läßt sich als zukünftiger Arbeitgeber schon gerne auch nur andeutungsweise die Entscheidung aus der Hand nehmen? Sie dürfen nämlich nicht vergessen, daß Unternehmer beziehungsweise Personalchefs sich bei der jetzigen Arbeitsmarktsituation, in der es in vielen Bereichen an geeigneten Fach- und Führungskräften fehlt, eher schon in die Enge getrieben fühlen. Aus ihrem Blickwinkel gesehen, müssen sie sowieso viel zu häufig viel zu viele Kompromisse eingehen. Gewinnen Sie im Laufe des Gespräches dann auch noch den Eindruck, ein Bewerber nutze seine starke Position in gewisser Weise aus, dann reagieren sie eben allergisch.

In diesem Stadium des Auswahlverfahrens sind Sie aber nicht nur berechtigt, sondern in bezug auf Ihre spätere Entscheidung sogar verpflichtet, die verbliebenen formalen Fragen zu klären. Dazu zählen:

- Gehalt (einschließlich eventueller Steigerungen nach der Probezeit, Überprüfungsmodalitäten und generelle Entwicklungsmöglichkeiten)
- Gehaltszusammensetzung (Fixbetrag, Bonusanteil, Sozialleistungen, Weihnachtsgeld, Urlaubsgeld, Beteiligung an Versicherungen, Altersversorgung, je nach Hierarchie eine Firmenwagenregelung, Fahrtkostenerstattungen)
- Arbeitszeit (Zeiterfassung, Überstundenregelung, Freiheiten im Rahmen der Vorgaben)
- Urlaub (Gesamtanspruch sowie Sonderurlaub)
- Arbeitsplatz (Einzelbüro, Zimmer mit wenigen Personen, Großraumbüro)
- Erlaubnis eventueller Nebentätigkeiten

- Vertragsgestaltung (Probezeit, Vertragsdauer, befristet/unbefristet, Probearbeitsverhältnis, Wettbewerbsklauseln)
- Eintrittstermin (auch Diskrepanzen zwischen Ihren Vorstellungen und den Wünschen des zukünftigen Arbeitgebers sowie Kompromißmöglichkeiten)
- Kosten eines gegebenenfalls erforderlichen Umzuges (Bereitstellung einer Übergangswohnung, Bezahlen einer Hotelunterkunft, Kostenübernahme oder -beteiligung)

Sollten Sie wegen anderer Vorstellungsgespräche und diesbezüglicher Vertragsverhandlungen unter Zeitdruck geraten, ist das aktuelle Gespräch für Sie jedoch von besonderem Interesse, dann müssen Sie das in gebührender Form mitteilen. Ein ebenso wichtiger Punkt ist die Vereinbarung, bis wann Sie einen endgültigen Bescheid erhalten. Auch sollten Sie nicht versäumen darauf hinzuweisen, wenn Sie für kürzere oder längere Zeit verreisen wollen. Stellen Sie sich bitte vor, wie Sie sich fühlen würden, wenn Sie jemandem eine erfreuliche Mitteilung machen wollen, nachdem Sie sich unter Umständen sehr schwer entscheiden konnten und Sie außer der netten Stimme des Anrufbeantworters niemanden erreichen. So etwas kann einen dann auf die Dauer schon so verärgern, daß man sich im ungünstigsten Fall doch noch für den Zweitbesten entscheidet – ein Ergebnis, das Ihnen kaum recht sein kann.

Ich glaube, Ihnen mit dieser Zusammenstellung und den Aussagen der beiden eingangs erwähnten Kapitel eine recht vollständige Liste für Ihre Vorstellungsgespräche gegeben zu haben, die Sie selbstverständlich ergänzen können.

Checkliste

- Überprüfen Sie, ob alle Fragen Ihres Katalogs für das erste Gespräch beantwortet sind.
- Nehmen Sie die Chance wahr, sich eine solide Entscheidungsgrundlage zu verschaffen.
- Kennen Sie schon genügend harte Fakten: Umsatz, Gewinnsituation, Exportanteil, Zielgruppen, Marktstellung, Mitarbeiterzahl, Unternehmensziele?
- Haben Sie schon genügend nach den weichen Fakten gefragt: Unternehmensphilosophie, Beförderungspolitik, Beurteilungswesen?
- Erkundigen Sie sich, wer Sie einarbeiten, wer sich am Anfang um Sie kümmern wird.
- Fragen Sie nach technischen Hilfsmitteln: Computer und so weiter.

Die Präsentation durch einen Personalberater

Einiges zu diesem Thema habe ich bereits im Kapitel „Das Vorstellungsgespräch mit einem Personalberater und wie es dann weiter geht" beschrieben; ich möchte im folgenden noch einmal auf den speziellen Teil der Vorstellung beim Kunden des Personalberaters eingehen, die sogenannte Präsentation. Die Einschaltung eines Personalberaters kann durchaus ein Glücksfall für Sie sein, zumindest wenn er das Vertrauen des von ihm betreuten Unternehmens genießt und über Hintergrundinformationen verfügt. Zum einen sind Sie mit einiger Wahrscheinlichkeit bereits beim ersten Gespräch von einem Profi interviewt worden und haben voraussichtlich mehr Informationen über die zu besetzende Funktion und das dahinterstehende Unternehmen erhalten, als Ihnen das ansonsten möglich gewesen wäre. Außerdem hat der Personalberater einen mehr oder weniger ausführlichen Bericht über Sie mit seiner Beurteilung angefertigt, der an seinen Kunden, das Unternehmen, weiterging. So können Sie davon ausgehen, daß die Beteiligten in der entsprechenden Firma bereits gründlich über Sie informiert sind und Ihnen so Routinefragen vielleicht erspart bleiben. Außerdem – und das ist vielleicht das wesentlichste Argument – bekommt Ihre Bewerbung einen anderen Nachdruck und insgesamt ein größeres Gewicht allein durch die Tatsache, daß Sie dem Kunden vorgestellt werden und durch die positive Beurteilung des Personalberaters, der ja wegen seiner Fachkenntnisse engagiert worden ist. Da der Personalverantwortliche und andere Führungskräfte des Unternehmens Ihre Unterlagen vor der Präsentation erhalten und mit einiger Sicherheit auch durchgearbeitet haben, können Sie davon ausgehen, daß sie sich zumindest grundsätzlich dem Urteil des Personalberaters angeschlossen haben. Hinzu kommt, daß dieser Berater in der Regel bei der Präsentation anwesend ist und meist sogar die Rolle des Moderators übernimmt. Da er die Position gerne erfolgreich besetzen möchte, haben Sie, sofern Sie nicht gravierende Fehler begehen, Ihren Anwalt praktisch mit dabei. Drücken Sie sich einmal mißverständlich aus, wird er ihre Aussage erläutern; haben Sie etwas Wesentliches vergessen, wird er Sie um eine Ergänzung bitten; haben Sie womöglich eine Frage nicht richtig verstanden und droht die Gefahr, aneinander vorbei zu reden, wird er eingreifen und Ihnen zusätzliche Hinweise geben. Und sogar, wenn es nicht geklappt hat, kann er Ihnen aufgrund seiner Beobachtungen sagen, welche Fehler Sie begangen haben oder daß der Mißerfolg eventuell gar nicht an Ihnen gelegen hat. Ich gebe zu, nicht alle betreuen Kandidaten in dieser Weise – trotzdem überwiegen die Chancen, die mit der Präsentation durch einen Personalberater verbunden sind.

Checkliste

- Gehen Sie davon aus, daß Ihre Gesprächspartner vom Personalberater gründlich über Sie informiert wurden.
- Nutzen Sie die Hilfestellung des Personalberaters, der meistens die Präsentation moderiert.
- Fragen Sie den Personalberater nach den Gründen, falls die Präsentation ein Mißerfolg war. So können Sie aus Fehlern lernen.

Die Vorstellung bei Vertretern einer ausländischen Muttergesellschaft

Dies ist in der Regel der schlimmste Härtetest für die Fremdsprachenkenntnisse eines Bewerbers. Hierbei zeigt sich nur zu deutlich, ob vorher in den Bewerbungsunterlagen und bei den Lippenbekenntnissen im ersten Vorstellungsgespräch zu hoch gepokert wurde.

Zunächst einmal ist natürlich klar, daß generell erst Bewerber auf einer bestimmten Hierarchieebene beziehungsweise für bestimmte Schlüsselpositionen den Vertretern der ausländischen Muttergesellschaft vorgestellt werden, falls diese sich nicht ein generelles Mitspracherecht ausbedungen haben. Es kann Ihnen auch widerfahren, daß Sie ein Flugzeug besteigen müssen (wobei die Kosten selbstverständlich erstattet werden) und Sie sich in einem fremden Land selbst zurechtfinden und vorstellen müssen. Sollte das Gespräch in Deutschland stattfinden, merken Sie sich bitte, daß Terminverschiebungen, die ansonsten bei einem Kandidaten der engsten Wahl mit Verständnis und Langmut quittiert werden, kaum drin sind. Sie können sich sicherlich denken, daß Sie einen einmal vereinbarten Termin schlecht verschieben können, wenn die Reisen einiger wichtiger Mitarbeiter bereits koordiniert wurden und Sie der Hauptgrund dieser nicht ganz billigen Aktion sind.

Denken Sie auch bitte daran, was ich Ihnen zu der unterschiedlichen Interessenlage Ihrer jeweiligen Gesprächspartner gesagt habe. Dies gilt natürlich in besonderer Weise für Vertreter ausländischer Muttergesellschaften, wobei nicht nur die einzelnen Positionen und Funktionen Ihrer Gesprächspartner eine Rolle spielen, sondern naturgemäß auch die kulturell bedingten Mentalitätsunterschiede. Die geforderte Geschäftssprache ist in den meisten Fällen Englisch, bei entsprechenden Kenntnissen Ihrerseits sind natürlich auch andere Fremdsprachen ein Thema. Amerikaner sind in bezug auf Ihre Sprachkenntnisse wahrscheinlich noch am unkompliziertesten; sie wollen Sie primär nur verstehen können. Briten sind schon anspruchsvoller, sie legen auch noch Wert auf eine einigermaßen korrekte Aussprache. Vertreter anderer Nationalitäten sprechen entweder seit jeher ausgezeichnetes Englisch wie die Skandinavier oder die Niederländer, wieder andere wie Franzosen, Italiener oder Spanier tun sich damit im allgemeinen schwerer – das hat zwar einerseits den Vorteil, daß Ihre Fehler nicht gleich auffallen, ist aber andererseits der Verständigung auf die Dauer nicht gerade förderlich. Selbst wenn Sie bei der Schilderung der Qualität Ihrer Fremdsprachenkenntnisse nicht übertrieben haben, sollten Sie sich darüber im klaren sein, daß vielen Bewerbern ihre Selbstdarstellung bereits in der Muttersprache erhebliche Schwierigkeiten bereitet – in einer Fremdsprache sind sie damit häufig gänzlich überfordert. Es ist tatsächlich so, daß die Erläuterung des eigenen Werdeganges in einer Fremdsprache schwierig ist und einer gewissen Übung bedarf. Ich kann Ihnen aufgrund vielfältiger Erfahrungen auf diesem Gebiet nur dringend empfehlen, Ihren Lebenslauf und seine einzelnen Etappen sowie Ihre wesentlichen beruflichen Erfahrungen in der geforderten Fremdsprache zu erarbeiten und auszuformulieren, damit Sie die nötigen Redewendungen und Vokabeln parat haben.

Checkliste

- Seien Sie auf einen Härtetest Ihrer Fremdsprachenkenntnisse vorbereitet.
- Üben Sie die Erläuterung Ihres Werdeganges in der Fremdsprache ein.
- Haben Sie die nötigen Vokabeln und Redewendungen parat.
- Seien Sie darauf vorbereitet, zum Vorstellungsgespräch ins Ausland reisen zu müssen.
- Eine Terminverschiebung Ihrerseits ist kaum möglich.
- Denken Sie an kulturell bedingte Mentalitätsunterschiede.

Rollen- oder Szenenwechsel?

Viele Bewerber, die im ersten Vorstellungsgespräch eine Rolle gespielt haben, glauben nun, nachdem sie vom Bewerber zum Kandidaten aufgerückt sind, doch wieder mehr Ähnlichkeit mit Ihrer wahren Natur durchblicken lassen zu können. Oder es wird eine neue Rolle in Angriff genommen. In jedem Fall ist zuviel Rollenspiel äußerst gefährlich, nicht nur weil es ein extrem gutes und präzise funktionierendes Gedächtnis, sondern auch sehr viel Reaktionsvermögen voraussetzt – eine Kombination, über die nicht allzu viele Menschen verfügen. Erfolgreicher und tragfähiger ist allemal die Vorstellung eines Szenenwechsels. Damit ist gemeint, sich auf eine andere Konstellation, auf andere Gesprächspartner mit anderen Interessen und Bedürfnissen einzustellen. Spielen Sie nicht die Rolle des aggressiven und durchsetzungsfähigen Verkäufers, nur weil das in der Anzeige so formuliert war, sondern seien Sie sie selbst, natürlich unter Berücksichtigung bestimmter strategischer Überlegungen, die ich bereits ausführlich in früheren Kapiteln erläutert habe. Szenenwechsel bedeutet für Sie auch, den veränderten Rahmenbedingungen der höheren Hierarchieebene mit allem, was damit häufig verbunden ist, Rechnung zu tragen: ein Arbeitszimmer, das aufgrund seiner Größe und Ausstattung bei manchen Bewerbern Beklemmungsgefühle auslöst, Sessel, in denen man versinkt und sich plötzlich sehr klein vorkommt, und andere Attribute, die Macht so richtig spürbar werden lassen.
Ein gravierender Szenenwechsel ist die Vorstellung bei einer ausländischen

Muttergesellschaft, die im vorigen Kapitel näher besprochen wurde – einerseits schmeichelhaft und spannend, andererseits können Sie sich doch etwas verloren vorkommen.
Also, überstrapazieren Sie Ihre schauspielerischen Fähigkeiten nicht, sondern halten Sie sich mehr an die taktisch kluge Argumentation. Bleiben Sie bei all diesen Überlegungen neugierig auf Menschen und Situationen – das hilft gegen Ängste und gegen übergroße Nervosität.

Checkliste

- Sehen Sie das zweite Gespräch als Szenenwechsel: Ein Rollenwechsel wäre zu gefährlich.
- Seien Sie Sie selbst unter Berücksichtigung bestimmter strategischer Überlegungen.
- Seien Sie auf die machtausstrahlenden Attribute einer höheren Hierarchieebene vorbereitet.
- Seien Sie neugierig auf Menschen und Situationen.

Die leidige Gehaltsfrage

Mit der Überschrift dieses Kapitels habe ich bereits auszudrücken versucht, wie das Thema Gehalt von den meisten Bewerbern empfunden wird. Bis dahin lockere und schlagfertige Kandidaten fangen bei dieser Frage plötzlich an zu stottern, werden rot oder blaß und versuchen, den Schwarzen Peter so rasch wie möglich wieder loszuwerden. Ist die Frage nach Ihren Gehaltsvorstellungen tatsächlich ein so heißes Eisen? Ich weiß, in Deutschland spricht man nicht über Gehalt. Auch gibt es wohl kaum ein Thema, über das so viele Witze gemacht werden, oder kaum einen Begriff, der so phantasievoll umschrieben wird. Einige bezeichnen es als Schmerzensgeld, andere als Stillhalteprämie, wieder andere als Schadenersatz oder Vergnügungssteuer. Wie dem auch sein mag, das Gehalt, seine Höhe und Zusammensetzung gilt nach wie vor als einer der wichtigsten Gründe, einerseits einen Arbeitgeber zu verlassen und andererseits eine vielleicht wenig durchdachte Vertragsunterschrift zu leisten. Je jünger die Bewerber, desto höher der Stellenwert des Gehaltes. Die Vergütung hat außerdem, insbesondere bei männlichen Bewerbern, einen hohen Prestige- und Vergleichswert; für die meisten Frauen ist sie dagegen nicht so bedeutend – manche mögen das für Dummheit halten.
Wenn Sie in der Anzeige unmißverständlich aufgefordert wurden, Ihre Gehaltsvorstellungen anzugeben, sind Sie ja über diese Hürde bereits hinweg. Dennoch gibt es viele Bewerber, die einen solchen Passus bewußt überlesen und keinerlei Angaben machen. Das hat unterschiedliche Auswirkungen: Liegen dem Unternehmen genügend

ausreichend qualifizierte Bewerber vor, kann die fehlende Information zur unmittelbaren Absage führen, weil keiner Lust hat, hinter Ihnen her zu telefonieren und die Angaben zu besorgen. Passen Ihre Bewerbung und das Anforderungsprofil überdurchschnittlich gut zueinander, werden Sie voraussichtlich trotzdem zum Gespräch eingeladen. Sie müssen sich gleichwohl schon vorher darüber im klaren sein, daß ein Unternehmen voraussichtlich das Risiko einer teuren Einladung zum Vorstellungsgespräch nicht eingehen wird, wenn die Gefahr besteht, daß Ihre Gehaltswünsche den unternehmensintern vorgegebenen Rahmen sprengen könnten. Um also solche Risiken für beide Seiten zu vermeiden, ist es vernünftiger, zu diesem Punkt schon frühzeitig Stellung zu nehmen. Jedenfalls wird die Vergütung spätestens beim Interview zum Thema.

Die meisten Bewerber haben wohl deshalb so große Hemmungen, eine Gehaltsvorstellung zu nennen, weil sie befürchten, sich womöglich unter Preis zu verkaufen. Natürlich wird ein Arbeitgeber unter betriebswirtschaftlichen Gesichtspunkten versuchen, Sie und Ihr Wissen so günstig wie möglich „einzukaufen". Um dem entgegenzuwirken, wird bei Gehaltsangaben viel gemogelt oder zumindest mehr oder minder geschönt. Hierzu habe ich bereits darauf hingewiesen, daß ein neuer Arbeitgeber bei einem Wechsel im Laufe des Kalenderjahres spätestens anhand Ihrer Steuerkarte das tatsächliche Gehalt erfahren wird. Von daher ist es lohnender, den Wunsch nach einem überdurchschnittlichen Gehaltssprung gut zu begründen und so vielleicht durchzusetzen. Eine wertvolle Hilfe kann sein, sich vorher nach dem persönlichen „Marktpreis" zu erkundigen, um eine realistische Gesprächsgrundlage zu haben. Eine Faustregel ist, daß bei einem Stellenwechsel Gehaltserhöhungen von 10 bis 15 % durchaus akzeptiert werden. Informieren Sie sich auch darüber, ob in der Branche über- oder unterdurchschnittliche Gehälter gezahlt werden; von Ihrer bisherigen Branche dürften Sie dies ohnehin wissen.

Andere Gesichtspunkte, die es zu berücksichtigen gilt, sind das Gehaltsniveau eines bestimmten Unternehmens oder die durch längere Betriebszugehörigkeit entstandene Höhe einer Vergütung. Hier müssen Sie unter Umständen sogar Kompromisse nach unten machen, wenn Sie eine Position interessiert und die Rahmenbedingungen der neuen Stellung das rechtfertigen.

Ein weiterer Aspekt sind regional bedingte Unterschiede des Gehaltsniveaus: Von seiten des Arbeitgebers kann darauf verwiesen werden, daß die Lebenshaltungskosten auf dem Land nun mal niedriger sind als in der Großstadt. Ein beachtenswertes Argument ist auch, daß ein bestehendes Gehaltsgefüge durch einen Quereinsteiger nicht durchbrochen werden soll. Schließlich ist einem Unternehmen nicht damit gedient, wenn es Sie zwar so gewinnen und vertraglich verpflichten konnte, dafür aber in nächster Zeit Kündigungen aus dem Team entgegennehmen muß, weil die Kollegen nicht einsehen, daß sie seit Jahren gute Arbeit leisten, während ein Quereinsteiger, der noch nichts unter Beweis stellen mußte, ein höheres Gehalt kassiert.

Eine sinnvolle Lösung all dieser ernstzunehmenden Probleme rund um das Thema Gehalt kann darin bestehen, von vornherein eine Bandbreite anzugeben. Damit signalisieren Sie Verhandlungs- und Kompromißbereitschaft und können dieses Vorgehen damit begründen, mit den Gehalts- und Vergütungsgepflogenheiten des Unternehmens, der Branche oder der Region nicht so vertraut zu sein. Guten Eindruck hinterläßt auch immer, wenn Sie bereit sind, für einen begrenzten Zeitraum, zum Beispiel während der Probezeit, sozusagen in Vorleistung zu treten. Geben Sie sich zu Beginn des Beschäftigungsverhältnisses mit einer moderaten Gehaltssteigerung zufrieden, befördert das die Bereitschaft, eine deutliche Erhöhung nach der Probezeit mit Ihnen zu vereinbaren. Auch sollten Sie sich vor der Äußerung Ihrer Wünsche darüber informieren, ob das Gehalt beim neuen Arbeitgeber regelmäßig und ohne Aufforderung überprüft und angepaßt wird. In manchen Unternehmen fallen die jährlichen Erhöhungen in der Regel so überdurchschnittlich aus, daß Sie sich sogar erlauben könnten, unterhalb Ihres jetzigen Gehaltes einzusteigen und trotzdem in Kürze besser als bisher dazustehen. Auch darf bei Gehaltsverhandlungen nicht nur einseitig der Fixbetrag gesehen werden; oftmals sind das Interessantere die Bonussysteme und leistungsbezogenen Prämien. Man spricht häufig von sogenannten Paketlösungen, das heißt eine Mischung aus Gehalt, Bonus und Sozialleistungen (Urlaubsgeld, Weihnachtsgeld, Essenszuschuß); kommt dann noch ein auch privat zu nutzender Firmenwagen hinzu, kann die Orientierung ausschließlich an der Höhe der monatlichen Gehaltsüberweisung durchaus ein Fehler sein.

Checkliste

- Die fehlende Angabe einer Gehaltsvorstellung trotz eindeutiger Aufforderung in der Stellenanzeige kann unmittelbar zur Absage führen.
- Denken Sie bei der Angabe Ihres letzten Gehaltes daran, daß diese anhand der Lohnsteuerkarte überprüft werden kann, falls Sie im laufenden Kalenderjahr wechseln.
- Nennen Sie gute Gründe für einen überdurchschnittlichen Gehaltssprung.
- Erkundigen Sie sich vorher nach Ihrem „Marktpreis“ und dem Gehaltsniveau der Branche sowie des Unternehmens.
- Faustregel: Gehaltserhöhungen von 10 bis 15 % werden durchaus akzeptiert.
- Geben Sie eine Gehaltsbandbreite an, wenn Sie unsicher sind.
- Das Angebot, auf eine deutliche Gehaltssteigerung bis zum Ende der Probezeit zu warten, macht einen guten Eindruck.
- Fragen Sie, ob Ihr Gehalt regelmäßig und unaufgefordert geprüft und angepaßt wird.
- Fragen Sie nach Nebenleistungen wie leistungsbezogenen Prämien.

Welche Klippen gibt es außerdem noch?

Bei dieser Überschrift fallen mir zu allererst Kandidaten ein, die, nachdem sie in der engsten Wahl sind oder sogar gesagt bekommen haben, man habe sich für sie entschieden, anfangen zu pokern und nachzuverhandeln. Auf einmal ist nicht nur das finanzielle Angebot zu niedrig, auch der Urlaubsanspruch ist zu gering und für zusätzliche Belastungen (welcher Art auch immer) sollte doch noch für einen besonderen Ausgleich gesorgt werden. Urplötzlich möchten dann solche Bewerber bei der geringen Gehaltsaufbesserung doch lieber nicht umziehen und so weiter und so weiter. Bei den meisten Unternehmen beziehungsweise Personalchefs wird mit einem solchen Verhalten das Ende der Fahnenstange schnell erreicht sein. In den meisten Fällen – und ich spreche hier aus unmittelbarer Erfahrung – ist der potentielle Arbeitgeber noch geneigt, dem ersten Wunsch des Kandidaten nachzugeben, solange er einigermaßen vernünftig begründet wird, und sich etwas einfallen zu lassen. Folgen dann jedoch weitere Forderungen, wechselt seine Stimmung von ungeduldig über gereizt bis schließlich eisig – und das war es dann. Unterlassen Sie also tunlichst Äußerungen wie: Meine Zusage hängt ganz von Ihrem Gehaltsangebot ab. Oder: Ich brauche von Ihnen eine Entscheidung bis … Eine weitere Klippe für das Scheitern kurz vor dem Ziel kann sich zum Beispiel ergeben, wenn Sie zwar sehr nah an der

Stelle dran waren, es aber unternehmensintern eine politische Entscheidung gegeben hat. Damit meine ich, daß unter Umständen keine sachlich korrekte Entscheidung für den besten Kandidaten getroffen wurde, sondern irgendeine Führungskraft ihren Wunschkandidaten durchgebracht hat. Es ist auch denkbar, daß jemand gemeint hat, die bei jedem Bewerber der Endauswahl erforderlichen Kompromisse wären für das Unternehmen nicht vertretbar und deshalb die Ausschreibung wiederholt wird.

Manchmal zieht sich ein solches Verfahren auch so lange hin – zum Beispiel bei Einschaltung einer ausländischen Muttergesellschaft –, daß Sie es sich und Ihrer beruflichen Laufbahn schuldig sein können, von sich aus Ihre Bewerbung zurückzuziehen und das Ganze daran scheitern zu lassen. Auch kann es passieren, daß der Vorgesetzte, der sich für Sie entschieden hatte, plötzlich versetzt, entlassen oder mit einer neuen Aufgabe betraut wird, für die er Sie nicht mehr benötigt.

Schließlich sind da noch die typischen Beurteilerfehler. Dies sind Fehler, die eigentlich nicht Sie betreffen, sondern die Gesprächspartner auf der anderen Seite. Obwohl Sie von daher recht wenig dagegen tun können, sollten Sie diese Risiken zumindest kennen und einkalkulieren, um einer Fehleinschätzung etwas vorzubeugen, auch wenn Sie sie vielleicht nicht verhindern können.

Selbstverständlich betreffen Fehlentscheidungen durch Interviewer auf der Basis von Beurteilungsfehlern auch schon das erste Vorstellungsgespräch und können dafür sorgen, daß Sie die zweite Runde gar nicht erst erreichen. Sie sollen in diesem Kapitel der Vollständigkeit halber erwähnt werden.

Da ist als Ursache für Beurteilungsfehler zunächst einmal der Effekt des ersten oder des letzten Eindrucks. Damit ist gemeint, daß ein erster positiver oder auch negativer Eindruck in seiner Dominanz alle anderen Wahrnehmungen sozusagen überlagert. Vergleichbares gilt für den letzten Eindruck. So haben Sie zwar vielleicht ein grandioses Vorstellungsgespräch absolviert, treten aber ganz zuletzt in ein wie auch immer geartetes Fettnäpfchen – und dieser letzte Schnitzer bleibt hängen. Interviewer, die derartige Fehler begehen, zählen entweder zur Gattung, für die der Ersteindruck gilt, oder eben zur anderen.

Eine weitere Fehlerquelle bei der Wahrnehmung ist der sogenannte Halo-Effekt (halo: Heiligenschein). Mit diesem amerikanischen sozialwissenschaftlichen Fachausdruck wird eine Art Assoziationsfehler bezeichnet: Jemand nimmt etwas ganz Bestimmtes wahr, meist Äußerlichkeiten und assoziiert damit auf der Basis vermeintlicher Erfahrungen (in der Realität meist aufgrund von Hörensagen) weitere Eigenschaften. Ein fast schon klassisches Beispiel für diesen Effekt ist die Behauptung beziehungsweise das Vorurteil, Brillenträger seien intelligente Menschen. Zu früheren Zeiten, als sowohl Bücher wie auch Brillen noch eine Seltenheit waren, mag das keine ganz falsche Sichtweise gewesen sein – wobei ich hier sicher noch zwischen Gebildetsein und Intelligenz differenzieren würde –, heute wäre eine solche Behauptung blanker Unsinn. Ich denke aber, daß es ein sehr treffendes Beispiel ist.

Zwei in ihren Auswirkungen auf Sie sehr ernstzunehmende Beurteilungsfehler könnte man so benennen:

Attraktivität durch Ähnlichkeit beziehungsweise Ablehnung wegen Andersartigkeit. Diese Fehler haben nämlich nicht nur Konsequenzen für das jeweilige Vorstellungsgespräch, sondern färben auch ganz gewaltig auf die Personalpolitik des Unternehmens ab. Vorgesetzte neigen dazu, Mitarbeiter nach ihrer Ähnlichkeit mit sich selbst einzustellen. Das kann zwar unbestritten Vorzüge für die Harmonie und die Verständigung innerhalb einer Abteilung haben, es bedeutet aber andererseits auch eine Art Inzucht, die verhindert, daß neue Ideen entstehen und andere Lösungswege beschritten werden. Je stärker ein Unternehmen auf seine Innovationskraft angewiesen ist, desto gefährlicher kann eine solche Einstellungspolitik werden. Leider gehören Souveränität und Stärke dazu, Andersdenkende oder gar Querdenker in der eigenen Umgebung zu dulden, und das schaffen bei weitem nicht alle Vorgesetzten.

Zu sehr emotional unterlegten und gesteuerten Beurteilungsfehler können Sympathien beziehungsweise Vorurteile führen. Ich habe bereits zuvor beschrieben, wie gefährlich es sein kann, wenn ein Vertragsangebot nur zustande kommt, weil einem Interviewer spontan Ihre Nase gefällt: Fachliches kommt in der Regel zu kurz, und Sie scheitern später unter Umständen entweder an den Vorschußlorbeeren und einer falschen Erwartungshaltung oder spätestens bei einem Wechsel des Vorgesetzten.

Als letztes schließlich noch der Hinweis auf zwei weitere Beurteilungsfehler, die recht häufig vorkommen. Der eine ist das Extremurteil durch Menschen, die zum Entweder-Oder- beziehungsweise Schwarz-Weiß-Denken neigen oder, anders ausgedrückt, die von sich ein klares Votum für oder gegen etwas erwarten. Verstärkt wird ihre Urteilsfindung durch die Tendenz, eigene Neigungen und Erfahrungen entweder streng oder eher milde zu beurteilen. Hinter letzterem stecken nicht immer die großen Menschenfreunde, sondern eher Führungskräfte oder Mitarbeiter, die besonders im Berufsleben jedem ernsthaften Konflikt aus dem Wege gehen wollen. Übergroße Strenge ist dagegen häufig mit einem sehr ausgeprägten Prinzipiengerüst verbunden, eine häufig anzutreffende Erscheinungsform bei innerlich unsicheren, wenig flexiblen Menschen, die weder gedanklich noch in ihrer Wahrnehmung sonderlich gut zu differenzieren vermögen. Sie reduzieren häufig die Komplexität von Sachverhalten auf Grundsätze.

Ich bin auf dieses Thema auch deshalb so umfassend eingegangen, weil diese Aussagen Ihnen vielleicht zusätzliche Hilfestellung bei der Einschätzung von Gesprächspartnern bieten können und Ihnen eine bessere Verhandlungsstrategie ermöglichen.

Checkliste

- Fangen Sie nicht an nachzuverhandeln, sobald Sie sich in der engeren Wahl befinden.
- Rechnen Sie mit der Möglichkeit, aufgrund von Beurteilungsfehlern oder aus unternehmenspolitischen Gründen abgelehnt zu werden, die Sie nicht beeinflussen können.
- Wenn sich das Bewerbungsverfahren so lange hinzieht, daß es Ihnen beruflich schadet, sollten Sie absagen.

Die Wartezeit danach

Sie kann unter Umständen mehr Nerven kosten als alles, was vorher geschehen ist. Es ist ein Gefühl, als ob man auf das Urteil eines Gerichtes oder die Rückgabe einer Klassenarbeit wartet. Dies dürfte zumindest auf die Vorstellungsgespräche bei den Arbeitgebern zutreffen, die in Ihrer engsten Wahl sind. Postboten erfreuen sich selten einer so großen Aufmerksamkeit und Beliebtheit: Freude und Enttäuschung (mit den entsprechenden Konsequenzen) liegen nah beieinander.
Bezüglich der Dauer Ihrer Wartezeit gibt es verschiedene Anhaltspunkte, die für Sie ein Orientierungsrahmen sein können. Fällt die endgültige Entscheidung bereits nach einer einzigen Vorstellungsrunde, müssen Sie sich auf eine mehrwöchige Wartezeit einrichten, da Sie vielleicht unter den ersten waren, die zum Gespräch eingeladen wurden. Dann folgen noch alle anderen Bewerber und schließlich die unternehmensinternen Diskussionen. Waren Sie bereits zum zweiten oder gar zu einem weiteren Gespräch eingeladen, können Sie zuversichtlich davon ausgehen, daß Sie im Laufe einer Woche Bescheid bekommen. Ähnliches gilt, wenn Sie Vertretern einer ausländischen Muttergesellschaft vorgestellt wurden. Berücksichtigen Sie jedoch auch, daß bestimmte Jahreszeiten, zum Beispiel die Urlaubssaison, für rasche Entscheidungen ungünstig sind. Haben Sie das Pech, daß der zuletzt Entscheidende den Vorstellungstermin vor seinem Urlaub nicht mehr unterbringen konnte und dann drei Wochen weg ist, sind womöglich anderen im Unternehmen die Hände gebunden. Sollten Sie dadurch mit Ihrer Planung und anderen Vertragsverhandlungen in Verzug oder gar in Schwierigkeiten kommen, müssen Sie das Ihren Gesprächspartnern klar und deutlich sagen.

Welche Initiativen sind erlaubt?

Das hängt ein wenig davon ab, wie Sie bei Ihrem letzten Gespräch verblieben sind – ob Sie auf eine Benachrichtigung warten müssen oder ob Sie einen Termin vereinbart haben, zu dem Sie nachfragen. Um sozusagen den Ball im eigenen Feld zu behalten, kann es taktisch geschickter sein anzubieten, sich zum Beispiel nach einer Woche zu melden. Allerdings lassen sich nicht sehr viele Firmen auf ein solches Angebot ein.
Vielleicht hat sich ja bei Ihrem letzten Gespräch überraschend noch ein gemeinsames Interessengebiet ergeben, und Sie haben nicht ganz uneigennützig angeboten, eine Abhandlung oder einen Artikel zu diesem Thema nachzureichen, um sich damit in Erinnerung zu bringen. So bietet sich ihnen die Chance zu einem Anruf, ohne aufdringlich zu erscheinen.
Eine eher ungewöhnliche, dafür aber bisweilen um so wirksamere Initiative liegt im Bereich der Arbeitsproben beziehungsweise Konzepte. Ich will Ihnen dies an einem kürzlich von mir selbst praktizierten Beispiel (allerdings im Rahmen einer arbeitgeberseitigen Initiative) deutlich machen: Ich hatte für

ein Unternehmen den ersten Mitarbeiter der Personalentwicklung zu suchen. Nach den Vorstellungsgesprächen blieben zwei Kandidaten übrig, die unterschiedliche Qualitäten aufwiesen. Einer von beiden hatte ein ziemlich breites Erfahrungsspektrum in der Palette der Personalarbeit und beherrschte einige Bereiche recht gut. Der zweite war ein reiner Personalentwickler, der auf diesem Gebiet über sehr große und fundierte Erfahrung verfügte, dafür aber Lücken, zum Beispiel im Arbeitsrecht, aufwies. Hinzu kam, daß dem Personalleiter, für den ich ja auszusuchen hatte, der erste Kandidat ein wenig sympathischer war. Im Normalfall wäre die Entscheidung wahrscheinlich zugunsten des Sympathischen ausgefallen. Um eine Sachentscheidung zu begünstigen (zumal der zweite Kandidat nicht für unsympathisch gehalten wurde – es ging nur um Nuancen), redete ich sehr offen mit beiden Bewerbern und teilte Ihnen mit, daß wir Schwierigkeiten hätten, uns zwischen zwei sehr guten potentiellen Mitarbeitern mit unterschiedlichen Stärken zu entscheiden. Ich bot Ihnen eine Sachentscheidung dahingehend an, daß sie uns beide einen Plan für ihre persönliche Vorgehensweise beim Aufbau der Personalentwicklung in diesem Unternehmen konzipieren und vorlegen sollten. Allein schon die unterschiedlichen Reaktionen waren aufschlußreich. Der erste (der jüngere von beiden) hatte offensichtliche Mühe, Sinn und Zweck dieser Übung einzusehen, während der zweite nur sagte: Gute Idee, bis wann brauchen Sie es? Sie können sich vorstellen, für wen die Entscheidung ausfiel. Diese Schilderung zeigt Ihnen außerdem einmal – unmittelbar aus dem Leben gegriffen –, wie die Situation im Unternehmen oftmals aussieht und wie schwierig es sein kann, die richtige Entscheidung zu treffen. Aber wir waren bei den Initiativen: Sollte also einer Ihrer Gesprächspartner auf Ihr Nachfragen hin oder von sich aus so offen sein, seine spezifischen Entscheidungsschwierigkeiten mitzuteilen, warum dann nicht eine solche oder ähnliche Vorgehensweise von sich aus anbieten? Sie können doch beispielsweise vorschlagen, daß Sie dem Unternehmen für ein bestimmtes Problem einen Lösungsvorschlag unterbreiten möchten – meines Erachtens eine der anspruchsvolleren Initiativen.

Checkliste

- Versuchen Sie, im letzten Gespräch einen Termin zu vereinbaren, an dem Sie sich melden, um nach der Entscheidung zu fragen.
- Verschaffen Sie sich die Möglichkeit zu einem weiteren Anruf, indem Sie zum Beispiel anbieten, eine bestimmte Unterlage nachzureichen.
- Bieten Sie gegebenenfalls die Anfertigung einer Arbeitsprobe an – eine gute Gelegenheit, im Gespräch zu bleiben.

Ihre ganz persönlichen Entscheidungskriterien

Ich kann nicht deutlich genug betonen, daß die Entscheidung für einen neuen Arbeitgeber beziehungsweise für den ersten Arbeitgeber überhaupt so viel wie möglich mit Ihrer ganz persönlichen Wunschliste zu tun haben sollte. Natürlich muß dabei Berücksichtigung finden, ob Sie tatsächlich eine Wahl haben. Ich kann mir auf Anhieb eine ganze Reihe von Situationen vorstellen, die es verbieten oder zumindest taktisch unklug erscheinen lassen, zu wählerisch zu sein. Sei es, daß Sie aus familiären Gründen in der Nähe Ihrer Wohnung arbeiten müssen; sei es, daß Sie einen schwer nachvollziehbaren Knick im Lebenslauf haben, der Sie immer wieder scheitern läßt. Trotzdem möchte ich in diesem Punkt hartnäckig sein, zumal heutzutage in Anbetracht des enger gewordenen Arbeitsmarktes die Arbeitgeber recht deutliche Kompromisse machen müssen. Also, unterstellen wir, Sie haben die Wahl beziehungsweise die Möglichkeit, einfach länger nach dem für Sie richtigen Arbeitgeber zu suchen – welche Überlegungen sind dann anzustellen?
Ich kündigte bereits im Kapitel „Der Warenkorb der persönlichen Kenntnisse, Erfahrungen und Fähigkeiten" an, daß ich auf die für Sie wesentliche Frage: Was will ich? in diesem Kapitel noch detailliert eingehen würde. Ich persönlich bin der Überzeugung, daß die Antworten auf diese Frage tatsächlich die Basis für Ihre Entscheidung liefern müssen.
Weitere Hilfestellungen für diesen äußerst wichtigen Punkt können Ihnen folgende Fragen beziehungsweise Aufgaben geben:

- Definieren Sie Ihre kurz-, mittel- und langfristigen Ziele!
- Besteht Klarheit bezüglich der privaten und beruflichen Lebensplanung? (Eine besonders für Frauen wichtige Frage!)
- „Basteln" Sie sich – unabhängig von Anzeigen und bisherigen Vorstellungsgesprächen – einmal Ihren Traumarbeitsplatz! Fertigen Sie eine Positionsbeschreibung an, so als ob Sie einen neuen Arbeitsplatz schaffen würden.
- Was muß ein zufriedenstellendes Aufgabengebiet Ihnen unbedingt bieten; was sollte es auf keinen Fall enthalten?
- Was fördert bei Ihnen berufliche Zufriedenheit?
- Welche Bedeutung haben Karriere und Aufstieg für Sie?
- Welche fachlichen und persönlichen Defizite haben Sie noch im Hinblick auf Ihre berufliche Zielvorstellung?
- Was würden Sie als wirkliche berufliche Chance empfinden?

Die Antworten auf diese Fragen sollten Sie sorgfältig erarbeiten, auf einem Blatt Papier niederlegen und immer bei sich tragen.
Jetzt wissen Sie zwar, wie Ihr zukünftiger Wunscharbeitgeber aussehen sollte, aber wie erkennen Sie diesen „Sechser im Lotto" beziehungsweise die nächstbeste Möglichkeit?
Um es noch einmal sehr deutlich zu sagen: Der wesentliche Teil der Entscheidung muß, wenn irgend möglich, etwas mit der Erfüllung Ihrer beruflichen Bedürfnisse zu tun haben.

- Fühlen Sie sich wohler in einer kleineren Firma, oder sind Ihnen die größere Sicherheit, die Chancen zur Spezialisierung und die differenzierteren Aufstiegsmöglichkeiten in einem Konzern wichtiger?

- Hat die Firma Tochtergesellschaften, die Ihnen einen für die künftige berufliche Entwicklung wichtigen Auslandseinsatz ermöglichen?
- Ist dieser Arbeitgeber hinsichtlich seiner Produkt- oder Dienstleistungspalette und seiner Auslandsverbindungen gut auf den europäischen Binnenmarkt eingestellt?
- Ist ein Umweltschutz-Bewußtsein zumindest in einigen Grundzügen erkennbar?
- Hat man sich bezüglich Ihres Arbeitsplatzes schon Gedanken gemacht, und konnte man Ihnen Ihren Schreibtisch oder wenigstens Ihr Zimmer zeigen?
- Wie soll Ihre Einarbeitung vonstatten gehen?
- Gibt es ein Mentorenprinzip oder sogar ein Traineeprogramm?
- Hat das Unternehmen konkrete Vorstellungen bezüglich Ihrer beruflichen Weiterentwicklung, und gibt es dafür Ansprechpartner?
- Gibt es in diesem Unternehmen so etwas wie eine eigene Philosophie, und ist diese wirklich spürbar?
- Welche Initiativen erwartet man von Ihnen?
- Mit welchen Menschen werden Sie zusammenarbeiten?
- Haben Sie im Gespräch mit Ihrem zukünftigen Vorgesetzten so etwas wie eine gemeinsame Wellenlänge gespürt?
- Versucht man, Sie mit einem außergewöhnlichen Gehaltsangebot zu kaufen, oder zielt der Gehaltsvorschlag eher darauf, Sie für Leistung zu belohnen?
- Wird das Gehalt jährlich überprüft und auf welcher Basis?
- Gibt es ein Beurteilungswesen, oder wie wird Leistung bewertet?

Die Antworten auf diese Fragen sollten das rationale Entscheidungsbarometer sein. Erst wenn die Ergebnisse bei zwei oder mehr potentiellen Arbeitgebern zufriedenstellend ausfallen, können Sie sich den erfreulichen Luxus leisten, einfach nach Bauch zu entscheiden.

Was macht einen guten Arbeitgeber aus?

Eine nicht ganz leicht zu beantwortende Frage. Wieviel Subjektivität in dieses Urteil einfließt, habe ich ausführlich im letzten Kapitel erläutert. Dennoch bin ich der Überzeugung, nachdem ich im Laufe meines Beraterlebens sehr viele Unternehmen von innen gesehen habe, daß es schon einige allgemeinverbindliche Kriterien gibt, die in der heutigen Zeit einen guten Arbeitgeber charakterisieren; hier sind vier wesentliche Bereiche zu nennen.

- Umweltbewußtsein und Bemühungen um den Umweltschutz
- Internationalität, insbesondere Ausrichtung auf den europäischen Binnenmarkt
- Unternehmensziele und Visionen
- Personalentwicklung beziehungsweise Bemühungen um qualifizierte Personalarbeit

Insbesondere die jüngere Generation interessiert sich inzwischen sehr für die Anstrengungen eines Unternehmens für den Umweltschutz. Das geht in die gleiche Richtung wie die vielfache Ablehnung von Rüstungsgüterproduzenten. Diese Firmen haben inzwischen erhebliche Probleme bei der Personalbeschaffung. Unternehmen, die sich ernsthaft um Umweltschutz kümmern, erleichtern anscheinend die so wichtige Identifikation mit dem Arbeitgeber.

Ein wesentlicher Punkt mit Blick auf den europäischen Binnenmarkt ist das Stichwort Internationalität.
Firmen, die Punkt drei der Liste der Qualitätsmerkmale erfüllen, nämlich Unternehmensführer und Manager mit langfristigen Zielvorstellungen und wirklichen Visionen, sind ziemlich schwer zu finden. Einmal fehlt es vielen an Phantasie, Mut und dem erforderlichen Querdenken, zum anderen macht meist die allgemein übliche Orientierung am kurzfristigen Gewinn solchen Überlegungen einen Strich durch die Rechnung.
Ein weiteres Markenzeichen von Unternehmen werden zunehmend die Anstrengungen, die für das Wohlbefinden, die Förderung und Entwicklung der Mitarbeiter unternommen werden. Die

großen Konzerne haben da zwar noch die Nase vorn, aber die mittelständischen Betriebe holen langsam auf. Seit kurzem wird auch dort nicht mehr nur darüber geredet, von der Personaladministration zu zeitgemäßer Personalarbeit zu kommen, sondern gehandelt. Alles in allem eine sehr positive Entwicklung.
Es gäbe sicherlich noch mehr zu nennen, was einen guten Arbeitgeber ausmacht, einige Firmen beweisen da eine Menge Phantasie.

Eine Option auf die Zukunft

Zunächst kurz zum Begriff Option: Das ist eine Art Anwartschaft oder Vorkaufsrecht. Wenn Sie in diesem Sinne eine Option auf den Erwerb einer bestimmten, noch nicht aufgelegten Aktie haben, hängt der Wert dieser Anwartschaft davon ab, mit welchem voraussichtlichen Verkaufspreis die Aktie demnächst am Markt sein wird. Übertragen auf die Bewerbungssituation heißt das: Der Arbeitgeber erwirbt mit Ihrer Einstellung eine Option auf Ihre berufliche und persönliche Entwicklung, von der er profitieren darf. Je geringer die Berufserfahrung des Bewerbers, desto risikoreicher ist die Personalinvestition unter betriebswirtschaftlichen Aspekten. Da es wohl kaum jemanden gibt, der sehr gerne die sprichwörtliche Katze im Sack kauft, wird von seiten eines Unternehmens eben eine Menge versucht, wenigstens ein bißchen vom „Fell der Katze" sehen zu können – Stichwörter: Vorstellungsgespräch und Testverfahren. Trotzdem bleibt ein gehöriges Maß an Unsicherheit. So kann jemand mit der berühmten Spürnase für Personal eine Goldader entdecken; die „Bohrungen" können aber ebenso gut nur taubes Gestein fördern.
Nach meiner Überzeugung ist es immer hilfreich, sich einmal für kurze Zeit die Probleme der Gegenseite zu eigen zu machen. Sie werden sich dann mit Sicherheit nicht mehr so ohnmächtig und hilflos fühlen und in der typischen Urteil-Abwarte-Haltung sehen. Auch ein Arbeitgeber geht mit der vertraglichen Bindung ganz erhebliche Risiken ein, wobei es noch nicht einmal darum geht, daß ein Bewerber einen Interviewer bewußt zu täuschen versucht – obwohl auch das vorkommt –, sondern vielmehr darum, daß auch Sie selbst in einem bestimmten Alter und auf einer bestimmten beruflichen Entwicklungsstufe noch nicht genau sagen können, wo Ihre Stärken und Schwächen liegen, was bei Ihnen noch entwicklungs- und ausbaufähig ist, auf welchen Gebieten Sie dauerhaft Schwächen zeigen werden, wie groß Ihre Lernbereitschaft sein wird und so weiter und so weiter. Sie können also einen Arbeitgeber noch nicht einmal immer qualifiziert dabei unterstützen, die in Ihnen steckenden Talente zu entdecken, geschweige denn ihm eine Vorhersage darüber ermöglichen, wie Sie sich in fünf Jahren verhalten werden. Also ein Risikogeschäft auf Gegenseitigkeit – auch daran sollten Sie manchmal denken.

Checkliste

- Führen Sie sich die Arbeitgeberseite vor Augen, damit Sie sich weniger hilflos und ohnmächtig fühlen: Die Einstellung eines neuen Mitarbeiters bedeutet eine erhebliche Investition für eine Firma und muß sich in der Zukunft auszahlen.

Die Entscheidungskriterien eines Arbeitgebers

Die Auswahlkriterien seitens des Unternehmens beschränken sich nicht auf das Vorstellungsgespräch und dessen Ergebnisse. Bei der endgültigen Entscheidung, die, wie ich schon mehrfach betont habe, oftmals nicht leicht fällt, fließt noch einmal der Eindruck der Bewerbungsunterlagen mit ein. Deshalb möchte ich in diesem Kapitel auch etwas dazu sagen, welche Kriterien für die schriftlichen Unterlagen gelten. Diese sind so wichtig, weil die meisten Führungskräfte, die in den Entscheidungsprozeß einbezogen sind, Ihre Bewerbungsunterlagen (oft mit Randkommentaren) nicht nur während des Gespräches vor sich liegen haben und ihre Fragen daran ausrichten, sondern sie danach fast immer nochmals gründlich durchgehen. Einzige Ausnahme: Das Interview ist so schlecht verlaufen, daß ein klares Nein bereits feststeht. Auch werden die Unterlagen nicht selten noch an Mitarbeiter des Unternehmens weitergeleitet, die Sie nicht persönlich kennenlernen, die aber trotzdem um ihre Meinung gebeten werden.
Also fassen wir einmal die Kriterien zusammen, die an Bewerbungsunterlagen angelegt werden und die, nachdem der persönliche Eindruck hinzugekommen ist, mit ziemlicher Sicherheit in die Entscheidung einbezogen werden:

- Vollständigkeit, Form und Aufmachung
- Bei einem Studium: Dauer, Schwerpunkte und Examensnote, gegebenenfalls auch das Thema der Diplomarbeit
- Zusatzqualifikationen und Spezialkenntnisse
- Umfang und Art der Berufserfahrung
- Arbeitszeugnisse
- Auslandserfahrung und Fremdsprachenkenntnisse
- Der rote Faden im Werdegang beziehungsweise die folgerichtige Entwicklung
- Alter, Familienstand, Kinder

Diese Punkte werden selbstverständlich je nach Person und zu besetzender Funktion unterschiedlich gewichtet und bewertet. Jemand, der selbst eine schlechte Examensnote erhielt oder in der Schule eine Ehrenrunde gedreht hat, wird für derlei Umstände mehr Verständnis haben und sie weniger tragisch nehmen, weil er ja das beste Beispiel dafür ist, daß man es trotzdem zu etwas bringen kann. Natürlich können sich die Ergebnisse beziehungsweise der Eindruck aus dem Vorstellungsgespräch einerseits und der Ihrer Bewerbungsunterlagen andererseits gegenseitig verstärken, wenn beide weitgehend deckungsgleich sind. Sind die Unterschiede dagegen auffällig, wird es sowieso schwierig, weil Ihre Gesprächspartner dann natürlich nicht mehr so genau wissen, was nun stimmt. In der Regel überlagert zwar der persönliche Eindruck den der schriftlichen Unterlagen, aber eine solche Irritation führt nicht selten zu einer Absage, wenn genügend geeignete Bewerber da sind.
Die Kriterien für die Beurteilung nach dem Gespräch sind folgende:

- Äußere Erscheinung und Auftreten
- Artikulationsvermögen
- Überzeugungskraft und persönliche Philosophie
- Dynamik und Initiative
- Teamfähigkeit und Anpassungsbereitschaft
- Selbstbewußtsein

- Soziale Kompetenz und das Interesse an Menschen
- Flexibilität
- Mobilität
- Motivation, berufliche Zielvorstellungen und Ehrgeiz
- Bereitschaft zur Übernahme von Verantwortung
- Gegebenenfalls Führungsfähigkeit
- Gehaltsvorstellungen
- Gegebenenfalls Freizeitaktivitäten
- Einschlägige Berufserfahrung, Abstraktionsfähigkeit, Spezialkenntnisse
- Entwicklungspotential
- Bereitschaft zu permanentem Lernen

Sie werden beim Durchgehen dieser Liste völlig zu Recht sagen, daß es unmöglich ist, dies alles in ein oder zwei Vorstellungsgesprächen einigermaßen gesichert festzustellen oder zu überprüfen. Trotzdem ist diese Aufstellung – natürlich mit unterschiedlichen Gewichtungen je nach zu besetzender Position und Interviewer – bei den meisten sozusagen fest im Kopf verankert. Sie werden entweder Fragen stellen, von denen sie glauben, daß sie dadurch zu dem jeweiligen Punkt Auskunft erhalten, oder sie werden aus dem, was sie von Ihnen erfahren konnten, auf weitere Qualitäten oder Defizite schließen. Dabei lassen sich Beurteilungsfehler wohl nie ganz verhindern, weil sie zum menschlichen Wahrnehmungsprozeß dazugehören. Das ist einer der Gründe, warum ich Ihnen so dringend empfohlen habe, Ihren Interviewer, so gut es geht, dabei zu unterstützen, Informationen über Sie zu beschaffen.

Checkliste

- Beachten Sie, daß auch nach dem persönlichen Kennenlernen der Eindruck Ihrer Bewerbungsunterlagen in die Entscheidung mit einfließt.
- Versuchen Sie zu erreichen, daß sich der gute Eindruck, den Sie im Gespräch gemacht haben, und der Ihrer Unterlagen gegenseitig verstärken.

Das Vertragsangebot

Auch bei diesem an sich sehr erfreulichen Abschluß kann es noch unerfreuliche Begleiterscheinungen geben. Doch ich will nicht miesepetrig erscheinen: Natürlich haben Sie es zunächst einmal geschafft, wie man so schön sagt. Mit dem Vertragsangebot macht ein Unternehmen deutlich, daß es Sie „einkaufen" will und daß Sie der beste unter den verfügbaren Bewerbern waren. Diese Einschränkung ist leider wichtig, weil sie Konsequenzen nach sich ziehen kann. Waren Sie der beste Kompromißkandidat und nicht die optimale Besetzung für die zur Diskussion stehende Position (was durchaus nicht an Ihnen gelegen haben muß), wird sich dies unter Umständen in einem Gehaltsangebot ausdrücken, das niedriger ist als erwartet, oder in einer längeren Probezeit. Ich bin aber der Ansicht, daß es wichtig für Ihren neuen beruflichen Start ist zu wissen, wo aus Sicht Ihres neuen Vorgesetzten Ihre Defizite liegen. Wenn Sie diese kennen und die noch offene Erwartungshaltung, vermögen Sie etwas dagegen zu tun. Im ungünstigsten Fall können Sie das Vertragsangebot natürlich ablehnen; denn weit schlimmer ist die Situation, von den unmittelbaren Kollegen und ande-

ren Mitarbeitern des Hauses nicht ernst genommen zu werden. Später selbst permanent über seine eigenen Schwachstellen zu stolpern ist ebenfalls wenig angenehm, zumal Sie dann zu irgendeinem Zeitpunkt nicht mehr so recht wissen, wo Sie mit dem Lernen anfangen sollen und, was wahrscheinlich gravierender ist, Sie vermögen irgendwann nicht mehr zwischen der kritisierenden Person und der kritisierten Sache zu unterscheiden.
Dies zum Hintergrund eines Vertragsangebotes, nun zum Inhalt. Ein Arbeitsvertrag sollte so aufgebaut sein, daß er konkrete Regelungen zu folgenden Punkten enthält:

- Bezeichnung der Position
- Beginn des Arbeitsverhältnisses
- Arbeitszeiten, Pausen, Gleitzeitregelung
- Gehalt, Leistungszulagen, Überstundenvergütung, freiwillige übertarifliche Zulagen
- Gehaltsfortzahlung im Krankheitsfall
- Dauer der Probezeit
- Kündigungsfrist
- Gegebenenfalls die Vertragsdauer
- Eventuell Bezugnahme auf einen Tarifvertrag der Branche

Darüber hinaus können – je nach Position – Regelungen zu Nebentätigkeiten und Arbeitnehmererfindungen sowie Wettbewerbsklauseln und anderes mehr enthalten sein. Nicht ganz unwesentlich ist auch, ob der Vertrag bereits von einem dazu befugten Vertreter des Unternehmens rechtswirksam unterschrieben ist. Haben Sie einen nicht unterschriebenen Vertrag zugeschickt bekommen, können Sie diesen wohl eher als einen Entwurf ansehen und dahingehend verstehen, daß Ihre Änderungswünsche noch berücksichtigt werden sollen. Oder das Unternehmen will sich (noch) nicht festlegen – dann ist Vorsicht geboten! Das kann im schlimmsten Fall bedeuten, daß mehrere Kandidaten gleichzeitig ein solches schriftliches Vertragsangebot erhalten haben, weil man noch nicht sicher ist, ob der Favorit unterschreiben wird. Da aber die Position unbedingt besetzt werden muß, will man über diesen Weg sichergehen. Mit anderen Worten: Es kann Ihnen passieren, daß es trotz Ihrer Unterschrift doch nicht zum Vertragsabschluß, sondern zu einer Absage kommt und das, obwohl Sie Ihrerseits zunächst weiterhin an Ihre Zusage gebunden sind. Da aber andererseits ein Arbeitsvertrag auch ohne Schriftform, also mündlich wirksam zustandekommen kann und dann ebenfalls mit allen Rechten und Pflichten gültig ist, hängt es von den Umständen ab, ob Sie das Unternehmen auf den Ihnen zugesandten Vertragsentwurf verpflichten können. Wenn Sie sich aber durch Ihre Unterschrift nicht übermäßig lange binden wollen, können Sie in einem Begleitbrief eine Annahmefrist festlegen, binnen derer Ihnen das Unternehmen das – nun von beiden Seiten unterschriebene – Vertragsexemplar zusenden muß. Teilen Sie mit, daß Sie sich nach Ablauf dieser Frist nicht mehr an Ihr Angebot gebunden fühlen.

Die Absage Ihrerseits

Ich erwähnte bereits im letzten Kapitel, daß es durchaus Gründe geben kann, warum Sie einen Arbeitsvertrag nicht unterschreiben und einem Unternehmen eine Absage erteilen sollten. Einer der Gründe kann zum Beispiel sein, daß Sie unter Druck gesetzt werden, um eine rasche Entscheidung herbeizuführen. Ein anderer wesentlicher Grund wären leicht gereizte oder durch Mißverständnisse geprägte persönliche Gespräche. Auch das Gehaltsangebot kann nicht zufriedenstellend sein, oder mündliche Zusagen finden sich im schriftlichen Vertragsangebot nicht wieder. Sie sind vielleicht auch mit der Wettbewerbsklausel nicht einverstanden, oder die gesetzlich geregelte Höhe der damit verbundenen Karenzentschädigung ist unrichtig angegeben. Es kann auch sein, daß Sie im Laufe des Bewerbungsverfahrens festgestellt haben, eigentlich doch nicht wechseln zu wollen: Vielleicht war die angebotene Aufgabenstellung zwar genau die richtige, aber in einer für Sie falschen Firma oder umgekehrt. Ein weiteres Signal, nicht zu unterschreiben, sollte auch sein, wenn etliche Ihrer Fragen und Bitten um weitere Auskünfte nur mit vagen Formulierungen beantwortet wurden. Ja, und dann ist da noch der

ganz normale Absagegrund, daß ein anderes Angebot einfach interessanter und besser war. Gerade letzteres passiert Arbeitgebern heutzutage bei hochqualifizierten jungen Bewerbern immer häufiger. Falls Sie eine Absage erhalten, mag es also ein kleiner Trost sein, daß das Risiko, ob es zum Vertragsabschluß kommt, heute in der Regel auf beiden Seiten gleich groß ist.

Checkliste

- Sagen Sie ab, wenn Sie sich zu rasch zu einer Entscheidung gedrängt fühlen.
- Vorstellungsgespräche, die von Mißverständnissen geprägt waren, sollten Sie zu einer Ablehnung der Position veranlassen.
- Unterschreiben Sie keinen Vertrag, in dem Sie die mündlich verabredeten Bedingungen, insbesondere das Gehalt betreffend, nicht wiederfinden.
- Sagen Sie ab, falls Ihnen doch noch klar geworden ist, daß Sie eigentlich den Arbeitgeber nicht wechseln möchten.
- Unterschreiben Sie nur, wenn alle Ihre Fragen zufriedenstellend beantwortet wurden.
- Sagen Sie ab, wenn Sie ein interessanteres und besseres Angebot erhalten haben.

Die Absage durch das Unternehmen

Die Reaktionen auf eine Absage sind sehr unterschiedlich: Das reicht von Zu-Tode-Betrübt -Sein bis zur Erleichterung darüber, daß einem die Entscheidung durch höhere Gewalt abgenommen wurde – da gab es doch so ein merkwürdiges Störgefühl im Bauch, das Sie nicht so richtig greifen konnten. Trotzdem dürfte wohl bei den meisten die Enttäuschung dominieren und sei es auch nur wegen des mehr oder weniger tief sitzenden Stachels, daß jemand anders besser war. Ich will Ihnen hier keineswegs die Enttäuschung ausreden; manchmal stellt sich gerade der dadurch ausgelöste Ärger über sich selbst (sollten Sie sich Fehler eingestehen müssen) als ein sehr starker Motor für weitere Anstrengungen heraus. Trotzdem der Appell, es nicht zu tragisch zu nehmen, daraus zu lernen und sich hoffentlich keine Versagerängste einzureden.
Wichtig ist natürlich für das Verdauen der Absage die Art und Weise, wie sie Ihnen mitgeteilt wurde: ob es der leider häufige Dreizeiler war oder ob man sich wenigstens noch um einen etwas ausführlicheren und freundlicheren Textbaustein bemüht hat. Es soll sogar Unternehmen und Personalberater geben, die noch aus Überzeugung den persönlichen Briefstil pflegen. Wenn Ihnen sogar jemand mündlich absagt, zum Beispiel am Telefon und die Gründe nennt, dann ist das eine Rarität, die leider bereits Sammlerwert besitzt. Doch lassen wir die Ironie beiseite: Sie können davon ausgehen, daß den meisten, die auf Personalauswahl aktiv Einfluß nehmen – und dies nicht völlig uneigennützig, aber mit dem nötigen Ver-

antwortungsbewußtsein –, eine Entscheidung in der Regel nicht leicht fällt. Ich habe im Kapitel „Welche Initiativen sind erlaubt?" ein konkretes Beispiel für solch eine schwierige Entscheidungssituation gegeben – so etwas passiert im „wahren Leben" sehr häufig. Hinzu kommt, daß es in den seltensten Fällen einen ganz klaren Spitzenkandidaten gibt – euphorisch sind Interviewer meist nur während oder kurz nach einem Gespräch. Haben sie erst einmal eine Nacht darüber geschlafen und sich dann mit dem nötigen Abstand die Bewerbungsunterlagen noch einmal angesehen, relativiert sich vieles.
Da Arbeitgeber es also in der Regel mit Kompromißkandidaten zu tun haben, das heißt einige Punkte der Wunschliste offen bleiben genau wie auf Bewerberseite, ist es naturgemäß so, daß die verschiedenen Interviewer (sogar innerhalb eines Unternehmens) eben auch unterschiedlichen Kandidaten den Vorzug geben, weil ja jeder eine andere Prioritätenliste hat. Einigkeit besteht meist nur im Bereich der harten Fakten wie Qualifikationsniveau, Fachkenntnisse und so weiter. Sobald diese abgedeckt sind, gehen bei den übrigen Kriterien die Meinungen manchmal gewaltig auseinander. Es ist sicherlich schwer zu sagen, was Ihnen als Betroffenem lieber sein sollte: das Ziel nur um Haaresbreite verfehlt zu haben, einer politischen, von Ihnen nicht zu beeinflussenden Personalentscheidung zum Opfer gefallen zu sein oder deutlich abgeschlagen auf Platz zwei oder drei zu liegen. Ich habe sogar erlebt, daß eine Entscheidung so schwer fiel, daß die erforderlichen Absagen nur mit großer zeitlicher Verzögerung verschickt wurden, weil das Unternehmen eigentlich gerne alle zwei oder drei Kandidaten der Endausscheidung eingestellt hätte. Ich kann Ihnen nur empfehlen: Versuchen Sie wenn immer möglich die Gründe für die Absage genannt zu bekommen. Das können Sie am besten durch einen Anruf bei demjenigen Ihrer Gesprächspartner erreichen, der Sie maßgeblich betreut hat oder zu dem Sie die beste Wellenlänge hatten. Sie können aber auch einen schriftlichen Versuch unternehmen, indem Sie darauf hinweisen, daß Sie für weitere Gespräche gerne etwas hinzulernen und eventuelle Fehler ausmerzen möchten, wofür man Ihnen sicherlich wertvolle Hinweise geben könnte. Seien Sie immer dann hartnäckig, wenn Ihnen das betreffende Vorstellungsgespräch und das Unternehmen wichtig waren und Ihnen bei gründlicher Selbstanalyse nach dem Interview nicht bereits selbst klargeworden ist, was schiefgelaufen ist und weshalb es nicht klappen konnte – sonst kann die Bitte um eine Erläuterung peinlich werden.

Checkliste

- Gehen Sie davon aus, daß es selten einen klaren Spitzenkandidaten gibt und daß die Personalbeauftragten in der Regel verantwortungsbewußt entscheiden.
- Versuchen Sie, von dem Gesprächspartner, der Sie maßgeblich betreut hat, die Gründe einer Ablehnung zu erfahren, besonders dann, wenn Ihnen an der Position sehr viel lag.

Zusammenfassung

Ich sehe nun unsere gemeinsame Expedition, für die ich Ihnen die richtige Ausrüstung mitzugeben versprach, als beendet an. Das Buch enthält mit Sicherheit nicht für jede Bewerbungssituation die geeignete Gebrauchsanweisung, ich hoffe aber doch, vieles so umfassend erläutert zu haben, auch aus dem Blickwinkel der Gegenseite, daß Sie Hintergrund und Zielsetzung der meisten Fragen und Verhaltensweisen, die Ihnen begegnen, besser verstehen können. Denn immer dann, wenn man etwas in seinen Zusammenhängen wirklich erfaßt und verstanden hat, fällt es auch nicht besonders schwer zu improvisieren, falls die ursprünglich angepeilten Verhaltensweisen nicht funktionieren sollten.
Abschließend möchte ich Ihnen sowohl eine Negativliste (die Todsünden im Zusammenhang mit dem Vorstellungsgespräch) als auch eine Positivliste (was Sie nicht vergessen dürfen) zusammenstellen, wobei die Negativliste insofern schwieriger ist, als Patzer – je nach Unternehmen und Interviewer – unterschiedlich bewertet werden. Zu den Todsünden zählen:

- Zuspätkommen
- Völlig unvorbereitet sein
- Sich im eigenen Lebenslauf nicht auskennen: Daten und Stationen des Werdeganges nicht wissen oder verwechseln
- Eine völlig neben der Realität liegende Rolle spielen
- Überheblich sein oder mit Nichtwissen kokettieren
- Sich Antworten aus der Nase ziehen lassen
- Keine Fragen parat haben; eine Liste von Fragen abarbeiten, die überwiegend längst beantwortet wurden
- In einer Runde von mehreren Personen immer nur mit einer sprechen beziehungsweise Blickkontakt halten
- Pokern: Forderungen stellen, wenn Sie wissen, daß man sich für Sie entschieden hat
- Mit nicht vorhandenen Kenntnissen angeben (dies gilt insbesondere für Fremdsprachen)
- Bei der Gehaltsfrage „gewerkschaftsüblich" vorgehen: mit einer Maximalforderung operieren in dem Glauben, Sie würden sowieso heruntergehandelt
- Durch nahezu tägliches Fragen nach dem Stand der Dinge auf die Nerven gehen
- Die Schuld für eine Absage grundsätzlich nur bei anderen suchen

Setzen wir dem nun die Positivliste entgegen:

- Pünktlichkeit, aber nicht mehr als zehn Minuten zu früh kommen
- Sich der Situation angepaßt kleiden
- Gründliche Vorbereitung, sowohl strategisch als auch inhaltlich
- Den Bericht über Ihren Werdegang einüben und hinsichtlich der Daten vorher abfragen lassen
- Gegebenenfalls die Selbstdarstellung in einer Fremdsprache einüben
- Die Körpersprache kontrollieren und möglichst in den Dienst der Informationsübermittlung stellen
- Präzise auf Fragen eingehen (nicht den Lebenslauf abspulen, obwohl Sie etwas ganz anderes gefragt werden)
- Ein kaltes Getränk wählen, wenn Ihnen sowieso schon heiß ist
- Alle Anwesenden in Ihre Antworten mit einbeziehen
- Vorher entscheiden, wie Sie mit Ihren persönlichen und fachlichen Schwachstellen umgehen wollen

- Sich, so gut es geht, auf Typ und Interessenlage des Interviewers einstellen
- Fragen gründlich vorbereiten
- Das Unternehmen nach dem letzten Gespräch nicht ohne alle erforderlichen Fakten für Ihre Entscheidung verlassen
- Auch auf anspruchsvolle Vorstellungsgespräche auf hoher Abstraktionsebene vorbereitet sein
- Absagen differenziert auswerten, um daraus zu lernen
- Mit einer realistischen Gehaltsvorstellung in das Gespräch gehen (Faustregel: 10 bis 15 % Erhöhung) oder eine Bandbreite angeben
- Sie selbst sein, ohne strategische Überlegungen zu vernachlässigen
- Die eigenen Kriterien für einen guten Arbeitgeber kennen

Das war nun endgültig alles, was ich für Sie tun kann. Den Rest des Auftrittes müssen Sie selbst über die Bühne bringen. Ich wünsche Ihnen dafür sehr viel Glück und Erfolg und hoffe, Sie gut darauf vorbereitet zu haben.

Register